VERITATIS GAUDIUM

PAPA FRANCISCO

CONSTITUIÇÃO APOSTÓLICA

VERITATIS GAUDIUM

SOBRE AS UNIVERSIDADES
E AS FACULDADES ECLESIÁSTICAS

Direção-geral: *Flávia Reginatto*

Editora responsável: *Maria Goretti de Oliveira*

1ª edição – 2018

Nenhuma parte desta obra poderá ser reproduzida ou transmitida por qualquer forma e/ou quaisquer meios (eletrônico ou mecânico, incluindo fotocópia e gravação) ou arquivada em qualquer sistema ou banco de dados sem permissão escrita da Editora. Direitos reservados.

© 2018 – Libreria Editrice Vaticana

Paulinas
Rua Dona Inácia Uchoa, 62
04110-020 – São Paulo – SP (Brasil)
Tel.: (11) 2125-3500
http://www.paulinas.org.br
editora@paulinas.com.br
Telemarketing e SAC: 0800-7010081

© Pia Sociedade Filhas de São Paulo – São Paulo, 2018

PROÊMIO

1. A alegria da verdade (*Veritatis gaudium*) é expressão do desejo ardente que traz inquieto o coração de cada ser humano enquanto não encontra, habita e partilha com todos a Luz de Deus.[1] Efetivamente a verdade não é uma ideia abstrata, mas é Jesus, o Verbo de Deus, em quem está a Vida que é a Luz dos homens (cf. *Jo* 1,4), o Filho de Deus que é, conjuntamente, o Filho do homem. Só Ele, "na própria revelação do mistério do Pai e do seu amor, revela o homem a si mesmo e descobre-lhe a sua vocação sublime".[2]

No encontro com Ele, o Vivente (cf. *Ap* 1,17) e o Primogênito de muitos irmãos (cf. *Rm* 8,29), o coração do homem experimenta já desde agora, no claro-escuro da história, a luz e a festa sem mais ocaso da união com Deus e da unidade com os irmãos e irmãs na casa comum da criação, de que gozará sem fim na plena comunhão com Deus. Na oração de Jesus ao Pai – "que todos sejam um só, como Tu, Pai, estás em Mim e Eu em Ti, para que assim eles estejam em Nós" (*Jo* 17,21) – está contido o segredo da alegria que Jesus nos quer

---

[1] Cf. Agostinho, *Confissões*, X, 23.33; I, 1, 1.

[2] Conc. Ecum. Vat. II, Const. past. *Gaudium et spes*, 22.

comunicar em plenitude (cf. *Jo* 15,11), da parte do Pai, com o dom do Espírito Santo: Espírito de verdade e amor, de liberdade, justiça e unidade.

Esta é a alegria que a Igreja, instada por Jesus, deve testemunhar e anunciar, sem interrupção e com uma paixão sempre nova, na sua missão. O Povo de Deus é peregrino ao longo das sendas da história, em sincera e solidária companhia com os homens e mulheres de todos os povos e de todas as culturas, para iluminar com a luz do Evangelho o caminho da humanidade rumo à nova civilização do amor. Estritamente conexo com a missão evangelizadora da Igreja – antes, decorrente da própria identidade dela inteiramente votada a promover o crescimento autêntico e integral da família humana até à sua plenitude definitiva em Deus – está o vasto e pluriforme sistema dos estudos eclesiásticos que floresceu, ao longo dos séculos, pela sabedoria do Povo de Deus, sob a guia do Espírito Santo e no diálogo e discernimento dos sinais dos tempos e das diferentes expressões culturais.

Por isso, não surpreende que o Concílio Vaticano II, promovendo com vigor e profecia a renovação da vida da Igreja para uma missão mais incisiva nesta nova época da história, tenha recomendado, nos números 13-22 do Decreto *Optatam totius*, uma revisão fiel e criativa dos estudos eclesiásticos. Esta tarefa, depois de cuidadoso estudo e sensata experimentação, encontrou expressão na Constituição Apostólica *Sapientia christiana*, promulgada por São João Paulo II em 15 de abril de 1979. Graças a ela, ficou mais dinamizado e aperfeiçoado o empenho da Igreja em prol das "*Faculdades* e *Universidades eclesiásticas*, ou seja, aquelas que se ocupam dum modo especial da Revelação cristã e de tudo aquilo que com esta anda relacionado e, por conseguinte, que mais intimamente estão em conexão com a sua própria missão de evangelizar", juntamente com todas as outras disciplinas que, "apesar de não terem uma particular ligação com a Revelação cristã, muito podem contribuir, contudo, para a obra da evangelização".[3]

Passados quase quarenta anos, fiéis ao espírito e às orientações do Vaticano II e como sua oportuna atualização, torna-se hoje necessária e urgente uma atualização da referida Constituição Apostólica. De fato, permanecendo plenamente válida na sua visão profética e no seu lúcido ditame, precisa ser integrada com as disposições normativas entrementes emanadas, considerando ao mesmo tempo o desenvolvimento no campo dos estudos acadêmicos que se registrou nas últimas décadas, bem como as mudanças no contexto sociocultural em âmbito global, e ainda quanto foi recomendado

---

[3] *Sapientia christiana*, Proêmio, III (cf., infra, Apêndice I).

em âmbito internacional na implementação das várias iniciativas a que aderiu a Santa Sé.

A ocasião é propícia para proceder, com ponderada e profética determinação, à promoção em todos os níveis dum relançamento dos estudos eclesiásticos no contexto da nova etapa da missão da Igreja, marcada pelo testemunho da alegria resultante do encontro com Jesus e do anúncio do seu Evangelho, que propus programaticamente a todo o Povo de Deus na Exortação *Evangelii gaudium*.

2. A Constituição Apostólica *Sapientia christiana* representou, para todos os efeitos, o fruto maduro da grande obra de reforma dos estudos eclesiásticos iniciada pelo Concílio Vaticano II. Concretamente recolhe os resultados alcançados nesta área crucial da missão da Igreja sob a sábia e prudente guia do Beato Paulo VI e, simultaneamente, preanuncia o contributo que em seguida, na continuação dos mesmos, será oferecido pelo magistério de São João Paulo II.

Como já tive ocasião de assinalar, "uma das principais contribuições do Concílio Vaticano II foi precisamente procurar superar o divórcio entre teologia e pastoral, entre fé e vida. Ouso dizer que revolucionou, em certa medida, o estatuto da teologia, o modo de agir e de pensar crente".[4] É precisamente a esta luz que o Decreto *Optatam totius* convida veementemente os estudos eclesiásticos a "concorrer de modo harmônico para que à mente dos alunos se abra o mistério de Cristo, que atinge toda a história da humanidade e continuamente penetra a vida da Igreja".[5] Para alcançar este objetivo, o decreto conciliar exorta a conjugar entre si a meditação e o estudo da Sagrada Escritura, como "alma de toda a teologia",[6] a participação assídua e consciente na Liturgia sagrada, como "primeira e necessária fonte do espírito verdadeiramente cristão",[7] e o estudo sistemático da Tradição viva da Igreja em diálogo com os homens do respectivo tempo, numa escuta profunda dos seus problemas, feridas e solicitações.[8] Deste modo, "a solicitude pastoral – assinala o Decreto *Optatam totius* – deve informar toda a formação dos alunos",[9] habituando-os a "transcender a própria diocese, nação ou rito e ajudar as necessidades de toda a Igreja, dispostos a pregar o Evangelho em toda parte".[10]

---

[4] *Mensagem-vídeo ao Congresso Internacional de Teologia na Pontifícia Universidade Católica Argentina "Santa Maria de los Buenos Aires"* (1-3/IX/2015).

[5] N. 14.

[6] Ibid., 16.

[7] Ibid., 16.

[8] Cf. ibid., 19.

[9] Ibid., 19.

[10] Ibid., 20.

Marcos referenciais no caminho que, partindo destas orientações do Vaticano II, leva até à *Sapientia christiana* são particularmente a Exortação *Evangelii nuntiandi* e a Encíclica *Populorum progressio*, de Paulo VI e, apenas um mês antes da promulgação da Constituição Apostólica, a Encíclica *Redemptor hominis*, de João Paulo II. A inspiração profética da Exortação apostólica sobre a evangelização no mundo contemporâneo do Papa Montini ressoa, vigorosamente, no Proêmio da *Sapientia christiana*, quando afirma que "a missão de evangelizar, que é própria da Igreja, exige não apenas que o Evangelho seja pregado em espaços geográficos cada vez mais vastos e a multidões de homens sempre maiores, mas que sejam também impregnados pela virtude do mesmo Evangelho os modos de pensar, os critérios de julgar e as normas de agir; numa palavra, é necessário que toda a cultura do homem seja penetrada pelo Evangelho".[11] Por sua vez, João Paulo II, sobretudo na Encíclica *Fides et ratio*, reiterou e aprofundou, no campo do diálogo entre filosofia e teologia, a convicção que permeia o ensinamento do Vaticano II, segundo a qual "o homem é capaz de alcançar uma visão unitária e orgânica do saber. Esta é uma das tarefas que o pensamento cristão deverá assumir durante o próximo milênio cristão".[12]

---

[11] Proêmio, I.

[12] N. 85.

Também a *Populorum progressio* desempenhou um papel decisivo na remodelação dos estudos eclesiásticos à luz do Vaticano II, oferecendo – juntamente com a *Evangelii nuntiandi*, como atesta o caminho das várias Igrejas locais – impulsos significativos e orientações concretas para a inculturação do Evangelho e a evangelização das culturas nas diferentes latitudes do mundo, em resposta aos desafios do presente. De fato, esta encíclica social de Paulo VI destaca, incisivamente, que o desenvolvimento dos povos, chave imprescindível para realizar a justiça e a paz em âmbito mundial, "deve ser integral, quer dizer, promover todos os homens e o homem todo",[13] e lembra a necessidade que há de "sábios de reflexão profunda, em busca de um humanismo novo, que permita ao homem moderno o encontro de si mesmo".[14] Assim, com visão profética, a *Populorum progressio* interpreta a questão social em termos de questão antropológica que investe o destino de toda a família humana.

E esta é a chave distintiva de leitura que vai inspirar o sucessivo magistério social da Igreja, desde a Encíclica *Laborem exercens*, a Encíclica *Sollecitudo rei socialis* e a Encíclica *Centesimus annus*, de João Paulo II, até a Encíclica *Caritas in veritate*, de Bento XVI, e

---

[13] N. 14.
[14] N. 20.

a minha Encíclica *Laudato si'*. Retomando o convite ao impulso para uma nova estação de pensamento, feito pela *Populorum progressio*, o Papa Bento XVI ilustrou a necessidade impelidora de "viver e orientar a globalização da humanidade em termos de relacionamento, comunhão e partilha",[15] assinalando que Deus quer associar a humanidade àquele inefável mistério de comunhão que é a Santíssima Trindade, de que a Igreja é sinal e instrumento em Cristo Jesus.[16] Para realisticamente alcançar este objetivo, convida a "dilatar a razão" para a tornar capaz de conhecer e orientar as novas e imponentes dinâmicas que apoquentam a família humana, "animando-as na perspectiva daquela civilização do amor, cuja semente Deus colocou em todo o povo e cultura",[17] e fazendo "interagir os diversos níveis do saber humano":[18] o teológico e o filosófico, o social e o científico.

3. Agora chegou o momento de fazer confluir este rico patrimônio de aprofundamentos e diretrizes – comprovado e enriquecido, por assim dizer, "no terreno" por um perseverante compromisso de mediação cultural e social do Evangelho atuado pelo Povo de Deus nas diferentes áreas continentais e em diálogo com as

---

[15] Carta enc. *Caritas in veritate*, 42.

[16] Cf. ibid., 54; Conc. Ecum. Vat. II, Const. dogm. *Lumen gentium*, 1.

[17] Carta enc. *Caritas in veritate*, 33.

[18] Ibid., 30.

várias culturas – para imprimir aos estudos eclesiásticos aquela renovação sábia e corajosa que é requerida pela transformação missionária duma Igreja "em saída".

Na verdade, hoje em dia, a exigência prioritária é que todo o Povo de Deus se prepare para empreender "com espírito"[19] uma nova etapa da evangelização. Isto requer "entrar decididamente num processo de discernimento, purificação e reforma".[20] E, neste processo, é chamada a desempenhar papel estratégico uma adequada renovação do sistema dos estudos eclesiásticos. Efetivamente estes não são chamados apenas a oferecer lugares e percursos de formação qualificada dos presbíteros, das pessoas de vida consagrada e dos leigos comprometidos, mas constituem também uma espécie de providencial laboratório cultural onde a Igreja se exercita na interpretação performativa da realidade que brota do evento de Jesus Cristo e se nutre dos dons da Sabedoria e da Ciência com que o Espírito Santo enriquece de várias formas o Povo de Deus: desde o *sensus fidei fidelium* ao magistério dos Pastores, desde o carisma dos profetas ao dos doutores e teólogos.

E isto revela-se de valor imprescindível para uma Igreja "em saída". Tanto mais que, hoje, não vivemos apenas uma época de mudanças, mas uma verdadeira e

---

[19] Cf. Exort. ap. *Evangelii gaudium*, cap. 5.

[20] Ibid., 30.

própria mudança de época,[21] caracterizada por uma "crise antropológica"[22] e "socioambiental"[23] global, em que verificamos dia a dia cada vez mais "sintomas dum ponto de ruptura, por causa da alta velocidade das mudanças e da degradação, que se manifestam tanto em catástrofes naturais regionais como em crises sociais ou mesmo financeiras".[24] Em última análise, trata-se de "mudar o modelo de desenvolvimento global" e de "redefinir o progresso":[25] "o problema é que não dispomos ainda da cultura necessária para enfrentar esta crise e há necessidade de construir lideranças que tracem caminhos".[26]

Esta tarefa enorme e inadiável requer, em âmbito cultural da formação acadêmica e da investigação científica, o compromisso generoso e convergente em prol duma mudança radical de paradigma, antes – seja-me permitido dizê-lo – para "uma corajosa revolução cultural".[27] A este compromisso, a rede mundial de Universidades e Faculdades eclesiásticas é chamada a prestar o decisivo contributo de fermento, sal e luz do

---

[21] Cf. Discurso no V Convênio Nacional da Igreja Italiana (Florença, 10/XI/2015).

[22] Cf. Exort. ap. *Evangelii gaudium*, 55.

[23] Cf. Carta enc. *Laudato si'*, 139.

[24] Ibid., 61.

[25] Cf. ibid., 194.

[26] Ibid., 53; cf. n. 105.

[27] Ibid., 114.

Evangelho de Jesus Cristo e da Tradição viva da Igreja sempre aberta a novos cenários e propostas.

Hoje se torna cada vez mais evidente que "é necessária uma verdadeira hermenêutica evangélica para compreender melhor a vida, o mundo, os homens; não de uma síntese, mas de uma atmosfera espiritual de investigação e certeza fundamentada nas verdades da razão e da fé. A filosofia e a teologia permitem adquirir as convicções que consolidam e fortalecem o intelecto e iluminam a vontade... mas tudo isto só será fecundo se for feito com a mente aberta e de joelhos. O teólogo que se compraz com o seu pensamento completo e concluído é um medíocre. O bom teólogo e filósofo mantém um pensamento aberto, ou seja, incompleto, sempre aberto ao *maius* de Deus e da Verdade, sempre em fase de desenvolvimento, segundo aquela lei que São Vicente de Lerins descreve do seguinte modo: *'annis consolidetur, dilatetur tempore, sublimetur aetate'* (*Commonitorium primum*, 23: *PL* 50, 668)".[28]

4. Neste horizonte vasto e inédito que se abre diante de nós, quais devem ser os critérios de fundo para uma renovação e um relançamento da contribuição dos estudos eclesiásticos para uma Igreja missionária em

---

[28] Discurso à Comunidade da Pontifícia Universidade Gregoriana e seus associados, Pontifício Instituto Bíblico e Pontifício Instituto Oriental (10/IV/2014): AAS 106 (2014), 374.

saída? Podemos enunciar aqui pelo menos quatro, na esteira do ensinamento do Vaticano II e da experiência da Igreja amadurecida nestas décadas de escola dele, à escuta do Espírito Santo e das exigências mais profundas e interrogações mais sutis da família humana.

a) Antes de mais nada, critério prioritário e permanente é a contemplação e a introdução espiritual, intelectual e existencial no coração do querigma, ou seja, da feliz notícia, sempre nova e fascinante, do Evangelho de Jesus,[29] "que cada vez mais e melhor se vai fazendo carne"[30] na vida da Igreja e da humanidade. Aqui temos o mistério da salvação, de que a Igreja é em Cristo sinal e instrumento no meio dos homens:[31] "um mistério que mergulha as raízes na Trindade, mas tem a sua concretização histórica num povo peregrino e evangelizador, que sempre transcende toda a necessária expressão institucional [...] e que tem o seu fundamento último na iniciativa livre e gratuita de Deus".[32]

Desta concentração vital e jubilosa sobre o rosto de Deus revelado em Jesus Cristo como Pai rico em misericórdia (cf. *Ef* 2,4),[33] deriva a experiência

---

[29] Cf. Exort. ap. *Evangelii gaudium*, 11; 34ss; 164-165.

[30] Ibid., 165.

[31] Cf. Conc. Ecum. Vat. II, Const. dogm. *Lumen gentium*, 1.

[32] Exort. ap. *Evangelii gaudium*, 111.

[33] Cf. Bula de Proclamação do Jubileu Extraordinário da Misericórdia, *Misericordiae Vultus* (11/IV/2015).

libertadora e responsável de viver como Igreja a "mística do nós"[34] que se torna fermento daquela fraternidade universal "que sabe ver a grandeza sagrada do próximo, que sabe descobrir Deus em cada ser humano, que sabe tolerar as moléstias da convivência agarrando-se ao amor de Deus, que sabe abrir o coração ao amor divino para procurar a felicidade dos outros como a procura o seu Pai bom".[35] Daí o imperativo a escutar no coração e fazer ressoar na mente o clamor dos pobres e da terra,[36] para tornar concreta a "dimensão social da evangelização"[37] como parte integrante da missão da Igreja: porque "Deus, em Cristo, não redime somente a pessoa individual, mas também as relações sociais entre os homens".[38] Com efeito é verdade que "a beleza do Evangelho nem sempre a conseguimos manifestar adequadamente, mas há um sinal que nunca deve faltar: a opção pelos últimos, por aqueles que a sociedade descarta e lança fora".[39] Esta opção deve impregnar a apresentação e o aprofundamento da verdade cristã.

---

[34] Cf. Exort. ap. *Evangelii gaudium*, 87 e 272.

[35] Ibid., 92.

[36] Cf. Carta enc. *Laudato si'*, 49.

[37] Cf. Exort ap. *Evangelii gaudium*, cap. 4.

[38] Pont. Conselho "Justiça e Paz", *Compêndio da Doutrina Social da Igreja*, 52; cf. Exort. ap. *Evangelii gaudium*, 178.

[39] Exort. ap. *Evangelii gaudium*, 195.

Daqui também o acento peculiar, na formação para uma cultura cristãmente inspirada, posto em descobrir em toda a criação a marca trinitária que faz do cosmo onde vivemos "uma trama de relações" em que "é próprio de cada ser vivo tender, por sua vez, para outra realidade", propiciando "uma espiritualidade da solidariedade global que brota do mistério da Trindade".[40]

b) Segundo critério inspirador, intimamente coerente com o anterior e dele derivado, é o diálogo sem reservas: não como mera atitude tática, mas como exigência intrínseca para fazer experiência comunitária da alegria da Verdade e aprofundar o seu significado e implicações práticas. O que o Evangelho e a doutrina da Igreja estão atualmente chamados a promover, em generosa e franca sinergia com todas as instâncias positivas que fermentam o crescimento da consciência humana universal, é uma autêntica cultura do encontro,[41] antes – bem se poderia dizer – uma cultura do encontro entre todas as culturas autênticas e vitais, graças a um intercâmbio recíproco dos respectivos dons no espaço de luz desvendado pelo amor de Deus para todas as suas criaturas.

---

[40] Cf. Carta enc. *Laudato si'*, 240.

[41] Cf. Exort. ap. *Evangelii gaudium*, 239.

Como destacou o Papa Bento XVI, "a verdade é 'lógos' que cria 'diá-logos' e, consequentemente, comunicação e comunhão".[42] Sob esta luz, a *Sapientia christiana*, referindo-se à *Gaudium et spes*, convida a favorecer o diálogo com os cristãos pertencentes às outras Igrejas e Comunidades Eclesiais e com os aderentes a outras convicções religiosas ou humanistas, e ao mesmo tempo que "tenham o cuidado de cultivar os contatos com os estudiosos de outros ramos do saber, quer se trate de crentes, quer de não crentes", procurando "entender e saber interpretar as suas afirmações, bem como ajuizar sobre elas à luz da verdade revelada".[43]

Disto nasce a feliz e urgente oportunidade de rever, nesta perspectiva e neste espírito, a arquitetônica e a dinâmica metódica dos currículos de estudos propostos pelo sistema dos estudos eclesiásticos, na sua fonte teológica, nos seus princípios inspiradores e nos seus vários níveis de articulação disciplinar, pedagógica e didática. Tal oportunidade explicita-se num compromisso exigente mas altamente produtivo: repensar e atualizar a intencionalidade e a disposição orgânica das disciplinas e dos ensinamentos dados nos estudos eclesiásticos segundo esta lógica e intencionalidade específicas. De fato, hoje, "torna-se necessária uma evangelização que

---

[42] Carta enc. *Caritas in veritate*, 4.

[43] Proêmio, III; cf. Conc. Ecum. Vat. II, Const. past. *Gaudium et spes*, 62.

ilumine os novos modos de se relacionar com Deus, com os outros e com o ambiente, e que suscite os valores fundamentais. É necessário chegar aonde são concebidas as novas histórias e paradigmas".[44]

c) Daí o terceiro critério fundamental que quero recordar: a interdisciplinaridade e a transdisciplinaridade exercidas com sabedoria e criatividade à luz da Revelação. O que qualifica a proposta acadêmica, formativa e de investigação do sistema dos estudos eclesiásticos, tanto em âmbito do conteúdo como do método, é o princípio vital e intelectual da unidade do saber na distinção e respeito pelas suas múltiplas, conexas e convergentes expressões.

Trata-se de oferecer, através dos vários percursos propostos pelos estudos eclesiásticos, uma pluralidade de saberes, correspondente à riqueza multiforme da realidade na luz patenteada pelo evento da Revelação, pluralidade essa que seja ao mesmo tempo harmoniosa e dinamicamente reunificada na unidade da sua fonte transcendente e da sua intencionalidade histórica e meta-histórica, como se apresenta escatologicamente em Cristo Jesus: "n'Ele – escreve o apóstolo Paulo – estão escondidos todos os tesouros da sabedoria e do conhecimento" (*Cl* 2,3). Este princípio teológico e antropológico, existencial e epistemológico, reveste-se

---

[44] Exort. ap. *Evangelii gaudium*, 74.

de um significado peculiar e é chamado a mostrar toda a sua eficácia não só dentro do sistema dos estudos eclesiásticos, garantindo-lhe coesão juntamente com flexibilidade, dimensão orgânica juntamente com a dinâmica, mas também em relação ao panorama atual fragmentado e muitas vezes desintegrado dos estudos universitários e ao pluralismo incerto, conflitual ou relativista das convicções e opções culturais.

Hoje – como reiterou Bento XVI na *Caritas in veritate*, aprofundando a mensagem cultural da *Populorum progressio* de Paulo VI – há "uma carência de sabedoria, de reflexão, de pensamento capaz de realizar uma síntese orientadora".[45] Joga-se aqui, especificamente, a *mission* que está confiada ao sistema dos estudos eclesiásticos. Esta diretriz precisa e orientadora de marcha não só explicita o significado intrínseco e veraz do sistema dos estudos eclesiásticos, mas, sobretudo hoje, destaca também a sua efetiva importância cultural e humanizadora. Neste sentido, é, sem dúvida, positiva e promissora a atual descoberta do princípio da interdisciplinaridade:[46] não tanto na sua forma "débil" de simples multidisciplinaridade enquanto abordagem que favorece uma melhor compreensão de um objeto de estudo a partir de vários pontos de vista, como

---

[45] N. 31.

[46] Cf. Exort. ap. *Evangelii gaudium*, 134.

sobretudo na sua forma "forte" de transdisciplinaridade enquanto colocação e fermentação de todos os saberes dentro do espaço de Luz e Vida oferecido pela Sabedoria que dimana da Revelação de Deus.

Assim, a pessoa formada no quadro das instituições promovidas pelo sistema dos estudos eclesiásticos terá possibilidades, como almejava o Beato J. H. Newman, de saber "onde situar a si mesma e a própria ciência, a que chega, por assim dizer, a partir de um cume, depois de ter tido uma visão global de todo o saber".[47] Já desde o século XIX, o próprio Beato Antônio Rosmini convidava a uma decidida reforma no campo da educação cristã, restabelecendo os quatro pilares sobre os quais esta assentava firmemente nos primeiros séculos da era cristã: "a unicidade de ciência, a comunicação de santidade, o costume de vida, a mútua oferta de amor". Argumentava ele que o essencial é devolver a unidade de conteúdo, perspectiva e objetivo à ciência que é comunicada a partir da Palavra de Deus e do seu ponto culminante em Cristo Jesus, Verbo de Deus feito carne. Se não existe este centro vivo, a ciência não tem "raiz nem unidade", permanecendo simplesmente "agarrada e, por assim dizer, suspensa da memória juvenil". Só assim se torna possível superar a "nefasta separação entre teoria e prática", porque é na unidade

---

[47] *O conceito de Universidade* (a partir da versão italiana: *Vita e Pensiero*. Milão, 1976), p. 201.

entre ciência e santidade que "consiste propriamente a índole genuína da doutrina destinada a salvar o mundo", cuja "instrução [na antiguidade] não se limitava a uma breve lição diária, mas consistia numa conversação contínua que os discípulos tinham com os mestres".[48]

d) O quarto e último critério diz respeito à necessidade urgente de "criar rede" entre as várias instituições que, em todas as partes do mundo, cultivam e promovem os estudos eclesiásticos, ativando decididamente as oportunas sinergias também com as instituições acadêmicas dos diferentes países e com as que se inspiram nas várias tradições culturais e religiosas, dando vida simultaneamente a centros especializados de investigação com a finalidade de estudar os problemas de grandeza epocal que hoje investem a humanidade, chegando a propor pistas oportunas e realistas de resolução.

Como assinalei na *Laudato si'*, "desde meados do século passado e superando muitas dificuldades, foi-se consolidando a tendência de conceber o planeta como pátria e a humanidade como povo que habita uma casa comum".[49] A tomada de consciência desta interdependência "obriga-nos a pensar num único mundo, num

---

[48] Cf. Cinco chagas da Santa Igreja, in *Obras di Antonio Rosmini*, A. Valle (coord.), vol. 56 (a partir da versão italiana; Città Nuova Ed.: Roma, ²1998), cap. II, *passim*.

[49] N. 164.

projeto comum".[50] De modo particular a Igreja, em sintonia convicta e profética com o impulso promovido pelo Vaticano II para uma renovada presença e missão dela mesma na história, é chamada a experimentar que a catolicidade que a qualifica como fermento de unidade na diversidade e de comunhão na liberdade, exige por si mesma e propicia "a polaridade tensional entre o particular e o universal, entre o uno e o múltiplo, entre o simples e o complexo. Aniquilar esta tensão vai contra a vida do Espírito".[51] Trata-se, por conseguinte, de praticar uma forma de conhecimento e interpretação da realidade, à luz do "pensamento de Cristo" (cf. *1Cor* 2,16), cujo modelo de referência e resolução dos problemas "não é a esfera [...] onde cada ponto é equidistante do centro, não havendo diferenças entre um ponto e o outro", mas "o poliedro, que reflete a confluência de todas as partes que nele mantêm a sua originalidade".[52]

Na realidade, como podemos ver na história da Igreja, o cristianismo não tem um modelo cultural único, mas, "permanecendo o que é, na fidelidade total ao anúncio evangélico e à tradição eclesial, [ele] assumirá também o rosto das diversas culturas

---

[50] Ibid., 164.

[51] *Mensagem-vídeo ao Congresso Internacional de Teologia na Pontifícia Universidade Católica Argentina "Santa Maria de los Buenos Aires"* (1-3/IX/2015).

[52] Exort. ap. *Evangelii gaudium*, 236.

e dos vários povos onde for acolhido e se radicar".[53] Nos vários povos que experimentam o dom de Deus segundo a sua própria cultura, a Igreja expressa a sua autêntica catolicidade e mostra "a beleza deste rosto pluriforme".[54] "Através das manifestações cristãs de um povo evangelizado, o Espírito Santo embeleza a Igreja, mostrando-lhe novos aspectos da Revelação e presenteando-a com um novo rosto."[55]

É evidente que esta perspectiva esboça uma tarefa exigente para a teologia e também, segundo as suas específicas competências, para as outras disciplinas contempladas nos estudos eclesiásticos. Com uma bela imagem, Bento XVI, referindo-se à Tradição da Igreja, afirmou que esta "não é transmissão de coisas ou palavras, uma coleção de coisas mortas. A Tradição é o rio vivo que nos liga às origens, o rio vivo no qual as origens estão sempre presentes".[56] "Este rio irriga diferentes terras, alimenta várias latitudes, fazendo germinar o melhor daquela terra, o melhor daquela cultura. Desta forma, o Evangelho continua a encarnar-se em todos os recantos do mundo, de modo sempre novo."[57]

---

[53] João Paulo II, Carta ap. *Novo millennio ineunte* (6/I/2001), 40.

[54] Ibid., 40.

[55] Exort. ap. *Evangelii gaudium*, 116.

[56] *Catequese* (26/IV/ 2006).

[57] *Mensagem-vídeo ao Congresso Internacional de Teologia na Pontifícia Universidade Católica Argentina "Santa Maria de los Buenos Aires"* (1-3/ IX/2015). Alude-se aqui ao n. 115 *da Evangelii gaudium*.

Não há dúvida de que a teologia deve estar enraizada e fundada na Sagrada Escritura e na Tradição viva, mas, por isso mesmo, deve simultaneamente acompanhar os processos culturais e sociais, em particular as transições difíceis. Antes, "neste tempo, a teologia deve afrontar também os conflitos: não só os que experimentamos na Igreja, mas também os relativos ao mundo inteiro".[58] Trata-se de "aceitar suportar o conflito, resolvê-lo e transformá-lo no elo de um novo processo", adquirindo "um estilo de construção da história, um âmbito vital onde os conflitos, as tensões e os opostos podem alcançar uma unidade multifacetada que gera nova vida. Não é apostar no sincretismo ou na absorção de um no outro, mas na resolução num plano superior que conserva em si as preciosas potencialidades das polaridades em contraste".[59]

5. Ao relançar os estudos eclesiásticos, sente-se viva a exigência de imprimir um novo impulso à investigação científica, realizada nas nossas Universidades e Faculdades eclesiásticas. A Constituição Apostólica *Sapientia christiana* introduzia a investigação como um dever fundamental em "contato assíduo com a própria realidade [...], para comunicar a doutrina aos homens

---

[58] Carta ao Grão-Chanceler da Pontifícia Universidade Católica Argentina no centenário da Faculdade de Teologia (3/III/2015).

[59] Exort. ap. *Evangelii gaudium*, 227.228.

do nosso tempo"[60] na variedade das culturas. Contudo, na nossa época, marcada pela condição multicultural e multiétnica, novas dinâmicas sociais e culturais impõem um alargamento destes objetivos. Efetivamente, para cumprir a missão salvífica da Igreja, "não basta a preocupação do evangelizador por chegar a cada pessoa, mas o Evangelho também se anuncia às culturas no seu conjunto".[61] Os estudos eclesiásticos não se podem limitar a transferir conhecimentos, competências, experiências para os homens e mulheres do nosso tempo, desejosos de crescer na sua consciência cristã, mas devem abraçar a tarefa urgente de elaborar instrumentos intelectuais capazes de se proporem como paradigmas de ação e pensamento, úteis para o anúncio num mundo marcado pelo pluralismo ético-religioso. Isto requer não só uma profunda consciência teológica, mas também a capacidade de conceber, desenhar e realizar sistemas de representação da religião cristã capazes de penetrar profundamente em sistemas culturais diferentes. Tudo isto invoca uma elevação da qualidade da investigação científica e um progressivo avanço do nível dos estudos teológicos e ciências correlacionadas. Não se trata apenas de ampliar o campo do diagnóstico, de enriquecer o conjunto dos dados disponíveis para ler a realidade,[62]

---

[60] Proêmio, III.

[61] Exort. ap. *Evangelii gaudium*, 133.

[62] Cf. Carta enc. *Laudato si'*, 47; Exort. ap. *Evangelii gaudium*, 50.

mas de aprofundar para "comunicar cada vez melhor a verdade do Evangelho num contexto determinado, sem renunciar à verdade, ao bem e à luz que pode dar quando a perfeição não é possível".[63]

Confio, em primeiro lugar, à investigação feita nas universidades, faculdades e institutos eclesiásticos a tarefa de desenvolver aquela "apologética original", que indiquei na *Evangelii gaudium*, a fim de ajudar "a criar as predisposições para que o Evangelho seja escutado por todos".[64]

Neste contexto, torna-se indispensável a criação de novos e qualificados centros de investigação onde possam – como almejei na *Laudato si'* – interagir, com liberdade responsável e transparência mútua, estudiosos provenientes dos vários universos religiosos e das diferentes competências científicas, de modo a "estabelecerem diálogo entre si, visando ao cuidado da natureza, à defesa dos pobres, à construção de uma rede de respeito e de fraternidade".[65] Em todos os países, as Universidades constituem a sede primária da investigação científica para o avanço dos conhecimentos e da sociedade, desempenhando um papel determinante no desenvolvimento econômico, social

---

[63] Exort. ap. *Evangelii gaudium*, 45.

[64] Ibid., 132.

[65] N. 201.

e cultural, sobretudo num tempo, como o nosso, marcado por rápidas, constantes e vistosas mudanças no campo das ciências e das tecnologias. E, nos acordos internacionais, também é vincada a responsabilidade central das Universidades nas políticas da investigação e a necessidade de as coordenar criando redes de centros especializados para, além do mais, facilitar a mobilidade dos investigadores.

Neste sentido, estão sendo projetados polos interdisciplinares de excelência e iniciativas tendentes a acompanhar a evolução das tecnologias avançadas, a qualificação dos recursos humanos e os programas de integração. Também os estudos eclesiásticos, no espírito de uma Igreja "em saída", são chamados a dotar-se de centros especializados que aprofundem o diálogo com os diferentes campos científicos. Concretamente, a investigação partilhada e convergente entre especialistas de diferentes disciplinas constitui um serviço qualificado ao Povo de Deus e, em particular, ao Magistério, bem como um apoio à missão que a Igreja tem de anunciar a Boa-Nova de Cristo a todos, dialogando com as várias ciências a serviço de uma compreensão cada vez profunda e aplicação da verdade na vida pessoal e social.

Assim, os estudos eclesiásticos serão capazes de prestar a sua específica e insubstituível contribuição inspiradora e orientadora, e poderão elucidar e expressar de forma nova, interpelante e realista a sua tarefa. Sempre foi assim e continuará sendo. A teologia e a cultura de inspiração cristã estiveram à altura da sua missão quando souberam, de forma arriscada e fiel, viver na fronteira. "As questões do nosso povo, as suas aflições, batalhas, sonhos, lutas, preocupações possuem um valor hermenêutico que não podemos ignorar, se quisermos de fato levar a sério o princípio da encarnação. As suas perguntas ajudam-nos a questionar-nos, as suas questões interrogam-nos. Tudo isto nos ajuda a aprofundar o mistério da Palavra de Deus, Palavra que exige e pede que se dialogue, que se entre em comunhão."[66]

6. Hoje, diante dos nossos olhos, surge "um grande desafio cultural, espiritual e educativo que implicará longos processos de regeneração"[67] também para as Universidades e as Faculdades eclesiásticas.

Nesta estação desafiadora e fascinante, marcada pelo compromisso de perspectivar uma configuração renovada e clarividente dos estudos eclesiásticos, que nos guie, ilumine e sustente a fé jubilosa e inabalável em Jesus crucificado e ressuscitado, centro e Senhor da história. A sua ressurreição, com o dom superabundante do Espírito Santo, "produz por toda a parte rebentos deste mundo novo; e, ainda que os cortem, voltam a

---

[66] *Mensagem-vídeo ao Congresso Internacional de Teologia na Pontifícia Universidade Católica Argentina "Santa Maria de los Buenos Aires"* (1-3/IX/2015).

[67] Carta enc. *Laudato si'*, 202.

despontar, porque a ressurreição do Senhor já penetrou a trama oculta desta história".[68]

Maria Santíssima, que, tendo recebido o anúncio do Anjo, concebeu com alegria inefável o Verbo da Verdade, acompanhe o nosso caminho obtendo-nos, do Pai de toda a graça, aquela bênção de luz e amor que, com confiança de filhos, esperamos por seu Filho e nosso Senhor Jesus Cristo, na alegria do Espírito Santo.

---

[68] Exort. ap. *Evangelii gaudium*, 278.

PRIMEIRA PARTE

NORMAS COMUNS

Título I – Natureza e finalidade das Universidades e Faculdades eclesiásticas

Art. 1. Para exercer a missão de evangelizar que Cristo lhe confiou, a Igreja tem o direito e o dever de erigir e de promover Universidades e Faculdades que dela dependam (cf. cân. 815 CIC).

Art. 2 § 1. Por Universidades e Faculdades eclesiásticas, na presente Constituição, são designadas aquelas instituições de educação superior que, canonicamente erigidas ou aprovadas pela Sé Apostólica, cultivam e ensinam a doutrina sagrada e as ciências que com ela estão correlacionadas, com o direito de conferir graus acadêmicos por autoridade da Santa Sé (cf. cân. 817 CIC; cân. 648 CCEO).

§ 2. Estas podem ser uma Universidade ou Faculdade eclesiástica *sui iuris*, uma Faculdade eclesiástica inserida numa Universidade Católica (cf. João Paulo II, Const. Apost. *Ex corde Ecclesiae*, Art. 1, § 2: *AAS* 82

[1990] 1502) ou uma Faculdade eclesiástica inserida numa outra Universidade.

Art. 3. As finalidades das Faculdades eclesiásticas são:

§ 1. Cultivar e promover, mediante a investigação científica, as próprias disciplinas, ou seja, aquelas diretamente ou indiretamente relacionadas com a Revelação cristã ou que sirvam de modo direto à missão da Igreja, explanar sistematicamente as verdades que nela se contêm, considerar os novos problemas do nosso tempo à luz da mesma, e apresentá-la ao homem contemporâneo de forma adequada às diversas culturas;

§ 2. Formar os alunos, em âmbito superior de alta qualificação, nas próprias disciplinas segundo a doutrina católica, e prepará-los convenientemente para afrontarem os seus encargos; e, ainda, promover a formação contínua, ou permanente, dos ministros da Igreja;

§ 3. Ajudar ativamente a Igreja, quer em âmbito das Igrejas particulares, quer em âmbito da Igreja universal, em toda a obra da evangelização, segundo a própria natureza e em estreita comunhão com a hierarquia.

Art. 4. Compete às Conferências Episcopais promover a vida e o progresso das Universidades e Faculdades eclesiásticas, dada a especial importância eclesial das mesmas.

Art. 5. A ereção ou aprovação canônicas das Universidades e das Faculdades eclesiásticas é reservada à Congregação para a Educação Católica, a qual nelas superintende, em conformidade com o direito (cf. cân. 816 § 1 CIC; cân. 649 CCEO; João Paulo II, Const. Apost. *Pastor bonus*, Art. 116 § 2: *AAS* 80 [1988] 889).

Art. 6. Somente às Universidades e Faculdades canonicamente erigidas ou aprovadas pela Santa Sé, e ordenadas de acordo com esta Constituição, compete o direito de conferir os graus acadêmicos que tenham valor canônico (cf. cân. 817 CIC e cân. 648 CCEO), salvo o direito próprio da Pontifícia Comissão Bíblica (cf. Paulo VI, *Sedula Cura*: *AAS* 63 [1971] 665ss.; *Pont. Commissionis biblicae Ratio Periclitandae Doctrinae*: *AAS* 67 [1975] 153ss.).

Art. 7. Os Estatutos de cada Universidade ou Faculdade eclesiástica hão de ser elaborados em conformidade com a presente Constituição, e devem ser aprovados pela Congregação para a Educação Católica (cf. cân. 816 § 2 CIC; cân. 650 CCEO).

Art. 8. As Faculdades eclesiásticas erigidas ou aprovadas pela Santa Sé, que estão em Universidades não eclesiásticas e que conferem graus acadêmicos tanto canônicos como civis, devem observar as prescrições desta Constituição, respeitando as convenções bilaterais e multilaterais estipuladas pela Santa Sé com as diversas Nações ou com as mesmas Universidades.

Art. 9 § 1. As Faculdades que não tiverem sido erigidas ou aprovadas canonicamente pela Sé Apostólica, não podem conferir graus acadêmicos que tenham valor canônico.

§ 2. Para terem valor, só quanto a determinados efeitos canônicos, os graus acadêmicos conferidos por tais Faculdades precisam de ser reconhecidos pela Congregação para a Educação Católica.

§ 3. Para obter tal reconhecimento, que será concedido em cada caso e só por razões especiais, requer-se que os graus acadêmicos sejam conferidos depois de terem sido satisfeitas as condições estabelecidas pela Congregação para a Educação Católica.

Art. 10. Para dar uma reta execução à presente Constituição, devem ser observadas as Normas aplicativas emanadas pela Congregação para a Educação Católica.

Título II – A comunidade acadêmica e o seu governo

Art. 11 § 1. A Universidade ou a Faculdade é uma comunidade de estudo, de investigação e de formação que trabalha de modo institucional para alcançar os fins estipulados pelo Art. 3, em conformidade aos princípios da missão evangelizadora da Igreja.

§ 2. Na comunidade acadêmica, todas as pessoas, quer singularmente, quer agrupadas em conselhos, são corresponsáveis pelo bem comum e concorrem, cada uma segundo a própria competência, a fim de se alcançar as finalidades da mesma comunidade.

§ 3. Por isso mesmo, devem ser exatamente determinados, nos Estatutos, os direitos e os deveres das mesmas pessoas no âmbito da comunidade acadêmica; e, dentro dos limites legitimamente preestabelecidos, sejam exercitados como convém.

Art. 12. O Grão-Chanceler representa a Santa Sé junto da Universidade ou da Faculdade, e por outro lado representa também estas junto da mesma Santa Sé; ele há de velar pela conservação e promover o progresso da instituição e, ainda, favorecer a comunhão desta com a Igreja, tanto em âmbito particular como universal.

Art. 13 § 1. As Universidades ou Faculdades dependem juridicamente do Grão-Chanceler, a não ser que a Sé Apostólica estabeleça de modo diverso.

§ 2. Onde as circunstâncias o aconselharem, poderá haver também um Vice Grão-Chanceler, cujas atribuições devem ser determinadas nos Estatutos.

Art. 14. Se o Grão-Chanceler for uma pessoa diversa do Ordinário do lugar, estabeleçam-se as normas, com base nas quais ambos possam, de comum acordo, desempenhar o seu múnus específico.

Art. 15. As Autoridades acadêmicas são pessoais ou colegiais. São Autoridades pessoais, em primeiro lugar, o Reitor ou o Diretor/Presidente, e o Decano. Autoridades colegiais, por outro lado, são os vários órgãos diretivos, ou Conselhos quer da Universidade, quer da Faculdade.

Art. 16. Os Estatutos da Universidade ou da Faculdade devem determinar mais acuradamente os nomes e as funções das Autoridades acadêmicas, de que modo hão de ser designadas e por quanto tempo permanecerão no cargo, considerando quer as necessidades da própria Universidade ou Faculdade, quer a praxe seguida nas Universidades da mesma região.

Art. 17. As Autoridades acadêmicas hão de ser designadas dentre as pessoas que sejam na verdade peritas quanto à vida universitária e, normalmente, dentre os professores de alguma das Faculdades.

Art. 18. A nomeação, ou pelo menos a confirmação, dos seguintes cargos é da competência da Congregação para a Educação Católica:

- o Reitor de uma Universidade eclesiástica;

- o Diretor/Presidente de uma faculdade eclesiástica *sui iuris*;

- o Decano de uma Faculdade eclesiástica inserida numa Universidade Católica ou numa outra Universidade;

Art. 19 § 1. Os Estatutos devem determinar a maneira como hão de colaborar entre si as Autoridades pessoais e as Autoridades colegiais, de tal sorte que, respeitando escrupulosamente o princípio da colegialidade, sobretudo nas coisas mais importantes e, nomeadamente, no que se refere aos assuntos acadêmicos, as Autoridades pessoais disponham daqueles poderes que verdadeiramente correspondam às suas funções.

§ 2. Isto é válido para o Reitor, em primeiro lugar, porquanto é sobre ele que incumbe a tarefa de superintender em toda a Universidade e de nela promover, com os meios adequados, a unidade, a cooperação e o progresso.

Art. 20 § 1. Quando as Faculdades fizerem parte de uma Universidade eclesiástica ou de uma Universidade Católica, nos Estatutos há de prover-se a coadunar o seu governo com aquele de toda a Universidade, de tal maneira que seja convenientemente promovido o bem de cada uma delas, tanto da Faculdade quanto da Universidade, e seja também favorecida a cooperação entre si de todas as Faculdades.

§ 2. As exigências canônicas das Faculdades eclesiásticas devem ser salvaguardadas também quando estas Faculdades estiverem inseridas numa Universidade não eclesiástica.

Art. 21. Se a Faculdade eclesiástica estiver coligada com um Seminário Maior ou com um Colégio sacerdotal, ressalvada sempre a devida cooperação em tudo aquilo que se refere ao bem dos alunos, os Estatutos devem providenciar clara e eficazmente no sentido de a direção acadêmica e a administração da Faculdade serem devidamente distintas do governo e da administração do Seminário Maior ou do Colégio sacerdotal.

Título III – Os professores

Art. 22. Em cada Faculdade há de haver um número de professores, sobretudo estáveis, que corresponda à importância e desenvolvimento das disciplinas, bem como aos cuidados a dispensar aos alunos e ao seu aproveitamento.

Art. 23. Deve haver várias categorias de professores, que hão de ser definidas nos Estatutos segundo o grau de preparação, de inserção, de estabilidade e de responsabilidade dos mesmos na Faculdade, considerando, oportunamente, a praxe seguida nas Universidades da própria região.

Art. 24. Os Estatutos devem determinar a quais Autoridades é que competem a cooptação e a promoção dos professores, sobretudo quando se tratar de lhes conferir um cargo estável ou fixo.

Art. 25 § 1. Para que alguém possa ser legitimamente cooptado entre os professores estáveis de uma Faculdade eclesiástica, requer-se que:

1º se distinga por riqueza de doutrina, pelo testemunho de vida exemplar e pelo sentido de responsabilidade;

2º esteja munido do côngruo doutorado, ou de um título equivalente, ou de méritos científicos realmente excepcionais;

3º tenha comprovado com documentos seguros, nomeadamente com estudos publicados, ser idôneo para a investigação científica;

4º demonstre ter as reais aptidões didáticas para ensinar.

§ 2. As condições que se requerem para serem assumidos professores estáveis ou fixos, devem também verificar-se e demandar-se, com congruente critério, para os professores não estáveis.

§ 3. Os requisitos científicos, na cooptação dos professores, devem ser oportunamente considerados também segundo a praxe das Universidades da própria região.

Art. 26 § 1. Todos os professores, seja qual for a sua categoria, devem distinguir-se por honestidade de vida, integridade de doutrina e constante dedicação ao desempenho do cargo, para que assim possam contribuir eficazmente para se conseguirem os objetivos próprios da instituição acadêmica eclesiástica. Quando venha a faltar um destes requisitos, os docentes devem ser removidos da sua missão, observando o procedimento previsto (cf. cân. 810 § 1 e 818 CIC).

§ 2. Aos professores que ensinam matérias respeitantes à fé e aos costumes, é exigido que estejam conscientes de que este múnus deve ser exercido em plena comunhão com o Magistério autêntico da Igreja e, sobretudo, do Romano Pontífice (cf. *Lumen Gentium*, 25, 21 de novembro de 1965, *AAS* 57 [1965] 29-31; e ainda a Instrução da Congregação para a Doutrina da Fé sobre a vocação eclesial do teólogo, *Donum veritatis*, 24 de maio de 1990, *AAS* 82 [1990] 1550-1570).

Art. 27 § 1. Aqueles professores que ensinam matérias concernentes à fé e aos costumes devem receber, depois de terem feito a profissão de fé (cf. cân. 833, n. 7 CIC), a missão canônica do Grão-Chanceler ou de um seu delegado; eles, de fato, não ensinam por sua própria autoridade, mas em virtude da missão recebida da Igreja. Os demais professores, por sua vez, deverão receber do Grão-Chanceler ou de um seu delegado a licença para ensinar.

§ 2. Todos os professores, antes de lhes ser concedida a colação do cargo de maneira estável, ou antes de serem promovidos ao mais elevado grau do ensino, conforme há de ser definido pelos Estatutos, carecem da declaração de "nada obsta" da Santa Sé.

Art. 28. A promoção dos professores às categorias superiores far-se-á com congruentes intervalos de tempo, segundo a capacidade no ensinar, as investigações realizadas, os trabalhos científicos publicados, o espírito de colaboração manifestado no ensino e na investigação e a aplicação demonstrada no dedicar-se à Faculdade.

Art. 29. Os professores, a fim de poderem desempenhar-se bem das suas funções, estejam livres de outros encargos que não se possam coadunar com a sua tarefa de ensinar e de investigar, como há de ser demandado nos Estatutos, das diversas categorias de professores (cf. cân. 152 CIC; cân. 942 CCEO).

Art. 30. Os Estatutos devem determinar:

a) quando e em que condições é que os professores hão de deixar de exercer o seu cargo;

b) quais as causas e qual o modo de proceder para que se possam suspender, remover ou também privar do cargo os professores, de tal sorte que fiquem convenientemente tutelados os direitos, tanto dos mesmos professores, como da Faculdade ou Universidade e sobretudo dos alunos, e ainda os da comunidade eclesial.

Título IV – Os alunos

Art. 31. As Faculdades eclesiásticas estão abertas a todos aqueles que, munidos de um regular atestado em que constem o seu comportamento moral e os estudos prévios feitos, se apresentem como idôneos para serem inscritos na Faculdade.

Art. 32 § 1. Para que alguém possa ser inscrito numa Faculdade para a consecução dos graus acadêmicos, deve apresentar o título de estudos que é necessário para a admissão na Universidade civil da própria Nação, ou então da região onde se encontra a Faculdade eclesiástica.

§ 2. As Faculdades eclesiásticas hão de determinar nos próprios Estatutos aquilo que eventualmente é requerido – para além do que se disse no § 1 – para o ingresso nos seus cursos de estudos, também pelo que se refere ao conhecimento das línguas antigas e modernas.

§ 3. As Faculdades eclesiásticas hão de determinar nos próprios Estatutos procedimentos para avaliar o modo de agir no caso de refugiados, expatriados ou pessoas em situações análogas, quando estas não possam apresentar a documentação requerida.

Art. 33. Os alunos devem observar fielmente as normas da Faculdade referentes às disposições gerais e à disciplina – principalmente no que respeita à programação dos estudos, à frequência e aos exames –, bem como a tudo o mais que faz parte da vida da Faculdade eclesiástica. Por este motivo, as Universidades e cada Faculdade providenciem os meios para que os estudantes conheçam os Estatutos e os Regulamentos.

Art. 34. Os Estatutos devem determinar o modo como os alunos, tanto individualmente como associados, hão de participar na vida da comunidade acadêmica naquele âmbito em que eles podem contribuir para o bem comum da Faculdade ou da Universidade.

Art. 35. Os Estatutos devem estabelecer igualmente o modo e por que causas graves os alunos poderão ser suspensos de alguns direitos ou destes ser privados, ou mesmo ser excluídos da Faculdade, de tal maneira que se proveja a que fiquem convenientemente tutelados os direitos tanto dos alunos como da Faculdade ou Universidade, como também os da própria comunidade eclesial.

Título V – Os oficiais e o pessoal administrativo e de serviços

Art. 36 § 1. No governo e na administração da Universidade ou da Faculdade, sejam as Autoridades auxiliadas por Oficiais, os quais hão de ser pessoas convenientemente habilitadas para as próprias funções.

§ 2. Os Oficiais são, em primeiro lugar, o Secretário, o Bibliotecário, o Ecônomo e outros que a instituição considere oportunos. Os seus direitos e deveres devem ser estabelecidos nos Estatutos ou nos Regulamentos.

Título VI – Plano de estudos

Art. 37 § 1. No predispor do plano de estudos sejam acuradamente observados os princípios e as normas que, para as diversas matérias, se acham contidos nos documentos eclesiásticos, sobretudo nos do Concílio Vaticano II; ao mesmo tempo, porém, tenham-se também em conta as aquisições já comprovadas que provêm de progresso científico e que contribuem de modo especial para solucionar algumas questões que presentemente estão sendo discutidas.

§ 2. Seja adotado em cada Faculdade aquele método científico que corresponda às exigências próprias de cada ramo da ciência. Sejam aplicados também, oportunamente, os modernos métodos didáticos e pedagógicos, com os quais se favoreçam da maneira mais adequada a aplicação pessoal dos alunos e a sua participação ativa nos estudos.

Art. 38 § 1. Em conformidade com o Concílio Vaticano II e segundo a índole própria de cada Faculdade:

1º seja reconhecida uma justa liberdade (cf. *Gaudium et Spes*, 59: *AAS* 58 [1966] 1080) na investigação e no ensino, para que se possa obter um verdadeiro progresso no conhecimento e na inteligência de verdade divina;

2º ao mesmo tempo, porém, fique bem claro:

a) que a verdadeira liberdade no ensinar deve necessariamente se conter dentro dos limites traçados pela Palavra de Deus, tal como ela é constantemente ensinada pelo Magistério vivo da Igreja;

b) que a verdadeira liberdade no investigar, de igual modo, se apoia necessariamente numa firme adesão à Palavra de Deus e numa disposição de respeito do Magistério da Igreja, ao qual foi confiado o múnus de interpretar autenticamente a Palavra de Deus.

§ 2. Por isso mesmo, em assunto de tão grande importância e de tanta delicadeza, há de proceder-se com confiança e sem suspeições, mas também com prudência e sem temeridades, principalmente no ensinar; além disso, deve-se procurar harmonizar, com diligência, as exigências científicas com as necessidades pastorais do Povo de Deus.

Art. 39. Em todas as Faculdades os cursos dos estudos hão de ser organizados em diversos graus ou ciclos, que serão dispostos conforme o exigir a matéria, de tal maneira que habitualmente:

a) primeiro, seja dada uma formação geral, mediante uma exposição sistemática de todas as disciplinas, simultaneamente com uma introdução ao uso do método científico;

b) em seguida, passe-se a um estudo mais aprofundado de um particular setor das disciplinas e, simultaneamente, procure-se que os alunos se exercitem com mais apuro no uso do método da investigação científica;

c) por fim, faça-se um ulterior passo à frente para a maturidade científica, principalmente mediante a elaboração de um trabalho escrito, que contribua efetivamente para o avanço da ciência.

Art. 40 § 1. Sejam determinadas aquelas disciplinas que se requerem como necessárias para se alcançarem as finalidades próprias da Faculdade; ao mesmo tempo, assinalem-se também aquelas outras que, de modo diverso, ajudam na consecução de tais finalidades; e isto de maneira a ver-se a distinção entre elas, como convém.

§ 2. As disciplinas hão de ser ordenadas em cada Faculdade, de tal maneira que constituam um corpo orgânico, sirvam para dar aos alunos uma formação sólida e harmoniosa e tornem mais fácil a colaboração mútua entre os professores.

Art. 41. As aulas, sobretudo no ciclo institucional, devem necessariamente ser dadas e devem ser frequentadas pelos alunos obrigatoriamente, em conformidade com as normas que hão de ser estabelecidas no plano de estudos.

Art. 42. Devem ser feitos trabalhos práticos e seminários de estudo, com assiduidade, sob a orientação dos professores, principalmente durante o ciclo de especialização; tais atividades devem ser continuamente integradas pelo estudo privado e pelos colóquios frequentes com os professores.

Art. 43. O plano de estudos da Faculdade há de definir quais os exames ou provas equivalentes a que os alunos devem ser submetidos, quer por escrito, quer oralmente, no final do semestre ou do ano letivo, e sobretudo no final do ciclo, para que seja possível assim verificar o seu aproveitamento para o prosseguimento dos estudos na Faculdade e para a consecução dos graus acadêmicos.

Art. 44. Os Estatutos ou os Regulamentos devem determinar, ainda, qual o valor que há de ser reconhecido aos estudos realizados em outras partes, sobretudo para dispensas a serem eventualmente concedidas de algumas disciplinas ou exames, ou também para abreviar o curso dos estudos, respeitadas sempre as prescrições da Congregação para a Educação Católica.

Título VII – Os graus acadêmicos e outros títulos

Art. 45 § 1. Após ter sido completado cada um dos ciclos do curso dos estudos, poderá ser conferido o conveniente grau acadêmico, que deve ser estabelecido para as diversas Faculdades, considerando quer a duração do ciclo, quer as disciplinas que nele são ensinadas.

§ 2. Por isso mesmo, hão de ser acuradamente determinados nos Estatutos de cada Faculdade, em conformidade com as normas comuns e particulares da presente Constituição, todos os graus acadêmicos que se conferem e com que condições.

Art. 46. Os graus acadêmicos, que se conferem nas Faculdades eclesiásticas, são: o Bacharelado, o Mestrado e o Doutorado.

Art. 47. Os graus acadêmicos podem ser designados com outras denominações nos Estatutos das diversas Faculdades, considerando a praxe das outras Universidades da própria região, contanto que seja claramente indicada a equivalência com os graus acadêmicos acima mencionados e se mantenha a uniformidade nas Faculdades eclesiásticas de mesma região.

Art. 48. Ninguém poderá alcançar um grau acadêmico se não estiver regularmente inscrito na Faculdade, nem antes de ter completado o curso dos estudos prescrito no plano de estudos, nem ainda sem ter sido aprovado nos exames e eventuais outras modalidades de avaliação.

Art. 49 § 1. Ninguém pode ser admitido ao Doutorado, se primeiro não tiver concluído o Mestrado.

§ 2. Para obter o Doutorado requer-se também uma tese doutoral, que represente uma efetiva contribuição para o progresso da ciência, e que tenha sido elaborada sob a orientação de um professor e publicamente defendida e colegialmente aprovada; e, ainda, que tenha sido publicada, ao menos a sua parte principal.

Art. 50 § 1. O Doutorado é o grau acadêmico que habilita para o ensino numa Faculdade, requerendo-se, portanto, para o mesmo; e o Mestrado é o grau acadêmico que habilita para o ensino num Seminário maior ou instituição de ensino equivalente, requerendo-se portanto para tal fim.

§ 2. Os graus acadêmicos que são requeridos para assumir os diversos cargos eclesiásticos são estabelecidos pela competente Autoridade Eclesiástica.

Art. 51. O Doutorado *honoris causa* poderá ser conferido por particulares méritos científicos ou culturais, conseguidos em promover as ciências eclesiásticas.

Art. 52. Para além dos graus acadêmicos, as Faculdades podem conferir outros títulos, segundo a diversidade das Faculdades e o plano de estudos de cada Faculdade.

Título VIII – Os subsídios didáticos

Art. 53. Para se poderem alcançar as finalidades específicas, sobretudo para que se façam as investigações científicas, em cada Universidade ou Faculdade há de haver uma biblioteca adequada, que se preste para o uso dos professores e dos alunos, disposta com boa ordem e dotada dos oportunos instrumentos de catalogação.

Art. 54. Mediante a consignação anual de uma côngrua verba pecuniária, a biblioteca seja continuamente dotada com livros, tanto antigos como de recente publicação, e também das principais revistas periódicas, de molde a poder servir eficazmente quer para o aprofundamento e ensino das disciplinas, quer para o estudo das mesmas, quer, ainda, para os trabalhos práticos e para os seminários de estudo.

Art. 55. Seja proposta à biblioteca uma pessoa conhecedora do assunto, a qual será coadjuvada por um adequado Conselho e oportunamente tomará parte nos Conselhos da Universidade ou da Faculdade.

Art. 56 § 1. A Faculdade há de dispor também daqueles instrumentos técnicos – audiovisuais, informáticos etc. – que possam ajudar na atividade didática e na investigação.

§ 2. De harmonia com a peculiar natureza e finalidades da Universidade ou da Faculdade, haja também centros de investigação e laboratórios científicos, bem como os demais subsídios que se apresentem como necessários para alcançar os próprios objetivos.

Título IX – Os meios econômicos

Art. 57. A Universidade ou a Faculdade há de dispor de meios econômicos necessários para a conveniente consecução das suas finalidades específicas. Deve ser feito um acurado registro descritivo do estado patrimonial e dos direitos de propriedade da instituição.

Art. 58. Os Estatutos determinem bem as atribuições e funções do Ecônomo, assim como a competência do Reitor ou do Diretor/Presidente e dos Conselhos, pelo que se refere à gestão econômica da Universidade ou da Faculdade, conforme às retas normas da economia, de tal modo que seja garantida uma sã administração.

Art. 59. Sejam pagos, aos docentes e não docentes, os côngruos honorários, considerando os costumes vigentes na região, também no que se refere à previdência e à segurança social.

Art. 60. Os Estatutos determinem igualmente as normas gerais quanto ao modo como os alunos hão de contribuir para as despesas da Universidade ou da Faculdade, mediante as taxas acadêmicas.

Título X – O planejamento e a colaboração das faculdades

Art. 61 § 1. Deve ser diligentemente cuidado o denominado planejamento das Faculdades, a fim de prover tanto à conservação e ao progresso das mesmas Universidades ou Faculdades, quanto à sua conveniente distribuição geográfica.

§ 2. Para a realização deste trabalho, a Congregação para a Educação Católica há de ser ajudada pelas sugestões das Conferências Episcopais e de uma Comissão de Especialistas.

Art. 62 § 1. A ereção ou aprovação de uma nova Universidade ou Faculdade será decidida pela Congregação para a Educação Católica (cân. 816 § 1 CIC; cân. 648-649 CCEO), quando tiverem sido predispostos os requisitos que para tanto são necessários, ouvido também o parecer do Bispo diocesano ou da eparquia e da Conferência Episcopal da região, bem como de pessoas peritas, sobretudo das Faculdades mais próximas.

§ 2. Para erigir canonicamente uma Universidade eclesiástica são necessárias 4 (quatro) Faculdades eclesiásticas, para um Ateneu eclesiástico 3 (três) faculdades eclesiásticas.

§ 3. A Universidade Eclesiástica e a Faculdade eclesiástica *sui iuris* gozam *ipso iure* de personalidade jurídica pública.

§ 4. Compete à Congregação para a Educação Católica conceder por decreto a personalidade jurídica a uma Faculdade eclesiástica pertencente a uma Universidade civil.

Art. 63 § 1. A afiliação de um Instituto a alguma Faculdade para a consecução do Bacharelado será decretada pela Congregação para a Educação Católica, depois de terem sido satisfeitas as condições por ela estabelecida para isso.

§ 2. É sumamente desejável que os Centros de estudos teológicos, tanto das Dioceses como dos Institutos Religiosos, sejam afiliados a alguma Faculdade de Teologia.

Art. 64. A agregação e a incorporação de um Instituto numa Faculdade, para a consecução também dos graus acadêmicos superiores, serão igualmente decretadas pela Congregação para a Educação Católica, depois de terem sido satisfeitas as condições por ela estabelecidas para isso.

Art. 65. A ereção de um Instituto Superior de Ciências Religiosas requer que este esteja unido a uma Faculdade de Teologia segundo as normas próprias emanadas pela Congregação para a Educação Católica.

Art. 66. Deve ser procurada com diligência a colaboração mútua das Faculdades entre si, quer da mesma Universidade, quer da mesma região, ou até mesmo em maior amplitude (cf. cân. 820 CIC). Tal colaboração, de fato, poderá ser muito proveitosa para promover a investigação científica dos professores e a melhor formação dos alunos; como também, para favorecer aquela relação que se vai chamando "relação interdisciplinar" e cada vez mais se apresenta como necessária; de igual modo, para estimular a chamada "complementaridade" entre as várias Faculdades; e ainda, de maneira geral, para se realizar a entrada da sabedoria cristã em toda a cultura.

Art. 67. Quando uma Universidade ou uma Faculdade eclesiástica já não reúne as condições requeridas para a sua ereção ou aprovação, compete à Congregação para a Educação Católica, advertido previamente o Grão-Chanceler e o Reitor ou o Diretor/Presidente, segundo as circunstâncias, e depois de ter reunido o parecer do Bispo diocesano ou da eparquia e da Conferência episcopal, tomar a decisão sobre a suspensão dos direitos acadêmicos, a revogação da aprovação como Universidade ou Faculdade eclesiástica ou a supressão da instituição.

Segunda parte

NORMAS ESPECIAIS

Art. 68. Para além das normas comuns para todas as Faculdades eclesiásticas, estabelecidas na Primeira Parte da presente Constituição, dão-se a seguir normas especiais para algumas Faculdades, dando atenção a sua peculiar natureza e importância na Igreja.

Título I – A Faculdade de Teologia

Art. 69. A Faculdade de Teologia tem como finalidade: aprofundar e explanar de maneira sistemática a doutrina sagrada, haurida com o máximo cuidado da Divina Revelação, usando o método que lhe é próprio; e ainda, buscar acuradamente as soluções para os problemas humanos, à luz da mesma Revelação.

Art. 70 § 1. O estudo da Sagrada Escritura há de ser como que a alma da Teologia, a qual se apoia na Palavra de Deus escrita e ao mesmo tempo na Tradição viva, como em perene fundamento (cf. *Dei Verbum*, 24: *AAS* 58 [1966] 827).

§ 2. Cada uma das disciplinas teológicas deve ser ensinada de tal maneira que, pelas razões intrínsecas dos próprios objetos em conexão com as demais disciplinas, como o direito canônico e a filosofia, e também com as ciências antropológicas, se torne bem patente a unidade de todo o ensinamento teológico; depois, de modo que todas essas disciplinas convirjam no sentido de conhecer intimamente o mistério de Cristo, a fim de este poder ser anunciado de forma mais eficaz ao Povo de Deus e a todos os homens (cf. Instrução da Congregação para a Doutrina da Fé sobre a vocação eclesial do teólogo, *Donum veritatis*, 24 de maio de 1990, *AAS* 82 [1990] 1552).

Art. 71 § 1. A verdade revelada deve ser considerada também em conexão com as conquistas científicas do tempo que vai evoluindo, de modo que se veja claramente "como a fé e a razão se encontram na única verdade" (*Gravissimum educationis*, 10: *AAS* 58 [1966] p. 737; Encíclica *Veritatis splendor: AAS* 85 [1993] 1133s. [6 de agosto de 1993] e Encíclica *Fides et ratio: AAS* 91 [1999] 5ss. [14 de setembro de 1998]), e a sua exposição há de ser feita de tal modo que, sem alterar a mesma verdade, esta seja adaptada à natureza e à índole de cada cultura, considerando em particular a filosofia e a sapiência dos povos, mas excluída toda espécie de sincretismo ou de falso particularismo (cf. *Ad gentes*, 22: *AAS* 58 [1966] 973ss.).

§ 2. Devem ser examinados com atenção, selecionados e assumidos os valores positivos que se encontram nas diversas filosofias e culturas; não hão de ser aceitos, todavia, sistemas e métodos que não se possam conciliar com a fé cristã.

Art. 72. § 1. As questões ecumênicas devem ser acuradamente tratadas, em conformidade com as normas da competente Autoridade Eclesiástica (cf. Diretório para a Aplicação dos Princípios e das Normas sobre o Ecumenismo: *AAS* 85 [1993] 1039ss.).

§ 2. As relações com as religiões não cristãs hão de ser atentamente consideradas.

§ 3. Hão de ser examinados, com escrupulosa diligência, os problemas que se originam do hodierno ateísmo e de outras correntes da cultura contemporânea.

Art. 73. Na investigação e no estudo da doutrina católica deve brilhar sempre a luz da fidelidade ao Magistério da Igreja. Depois, no desempenho do múnus de ensinar, principalmente no ciclo institucional, seja apresentado em primeiro lugar aquilo que faz parte do patrimônio adquirido pela mesma Igreja. As opiniões prováveis e pessoais, que porventura se derivem de recentes investigações, sejam propostas com discrição e apenas como tais.

Art. 74. O curso de estudos da Faculdade de Teologia compreende:

a) o primeiro ciclo, institucional, que se prolongará por um quinquênio ou dez semestres; ou então por um triênio ou 6 semestres, se antes tiver sido exigido o biênio de Filosofia.

Os dois primeiros anos devem ser maioritariamente dedicados a uma sólida formação filosófica que é necessária para se poder afrontar adequadamente o estudo da teologia. O Bacharelado obtido numa Faculdade eclesiástica de Filosofia substitui os cursos de filosofia do primeiro ciclo nas Faculdades de Teologia. O Bacharelado em Filosofia obtido numa Faculdade não eclesiástica não constitui motivo para dispensar completamente um estudante dos cursos filosóficos do primeiro ciclo nas Faculdades teológicas.

As disciplinas teológicas devem ser ensinadas de tal maneira que se apresente uma exposição orgânica de toda a doutrina católica; ao mesmo tempo, far-se-á a iniciação ao método da investigação científica.

O ciclo concluir-se-á com o grau acadêmico de Bacharelado ou com outro côngruo grau acadêmico, conforme estabelecido nos Estatutos da Faculdade.

b) o segundo ciclo, de especialização, que se prolongará por um biênio ou por quatro semestres.

Durante ele sejam ensinadas as disciplinas específicas de acordo com a diversa índole da especialização, e façam-se aqueles trabalhos práticos e aqueles seminários de estudo convenientes para a aquisição da prática da pesquisa científica.

O ciclo concluir-se-á com o grau acadêmico de Mestrado.

c) o terceiro ciclo, que durará um período de tempo conveniente e durante o qual se aperfeiçoará a formação teológica científica, principalmente com a elaboração da tese doutoral.

O ciclo concluir-se-á com o grau acadêmico de Doutorado.

Art. 75 § 1. Para que alguém possa inscrever-se numa Faculdade de Teologia, é necessário que tenha completado antes os estudos para isso requeridos, em conformidade com o art. 32 da presente Constituição.

§ 2. Onde o primeiro ciclo da Faculdade for trienal, os alunos candidatos devem apresentar o certificado de terem completado o biênio de Filosofia em alguma Faculdade eclesiástica de Filosofia ou num Instituto aprovados.

Art. 76 § 1. Constitui particular tarefa da Faculdade de Teologia cuidar da formação científica teológica daqueles que aspiram ao Presbiterado e daqueles que se preparam para desempenhar cargos eclesiásticos especiais. Por isso é necessário que exista um côngruo número de presbíteros docentes.

§ 2. Para este fim, deve haver também disciplinas especiais, adaptadas para os seminaristas; e mais ainda, oportunamente, para completar a formação pastoral, pode ser instituído na Faculdade o "Ano pastoral"; este será inserido depois de completado o quinquênio institucional para o Presbiterado, e pode ser concluído com a concessão de um Diploma especial.

Título II – a Faculdade de Direito Canônico

Art. 77. A Faculdade de Direito Canônico, Latino ou Oriental, tem como finalidade cultivar e desenvolver as disciplinas canônicas à luz da lei evangélica, e instruir profundamente nas mesmas os alunos, para que se formem para a investigação e para o magistério, e se preparem para assumir peculiares encargos eclesiásticos.

Art. 78. O plano de estudos na Faculdade de Direito Canônico compreende:

a) o primeiro ciclo, que deve prolongar-se por um biênio ou quatro semestres para aqueles que não tenham uma formação filosófico-teológica, sem nenhuma exceção para aqueles que possuem um título acadêmico em direito civil; durante este ciclo o estudo será dedicado às instituições de Direito Canônico e àquelas disciplinas filosóficas e teológicas que são requeridas para uma formação jurídica superior;

b) o segundo ciclo, que deve prolongar-se por seis semestres ou um triênio, dedicado a um estudo aprofundado do Ordenamento Canônico em todas as suas expressões, normativas, jurisprudenciais, doutrinais e de práxis, e principalmente dos Códigos da Igreja Latina ou das Igrejas Orientais através do desenvolvimento completo das suas fontes quer magistrais, quer disciplinares, acrescentando o estudo de disciplinas afins;

c) o terceiro ciclo, que deve durar um côngruo período de tempo; durante este tempo aperfeiçoar-se-á a formação científica, especialmente pela elaboração de uma tese doutoral.

Art. 79 § 1. Pelo que respeita às disciplinas prescritas no primeiro ciclo, a Faculdade poderá utilizar-se de cursos dados noutras Faculdades, que sejam por ela reconhecidos como correspondentes às próprias exigências.

§ 2. O segundo ciclo concluir-se-á com o Mestrado, e o terceiro, por sua vez, com o Doutorado.

§ 3. O plano de estudos da Faculdade deve definir os particulares requisitos para a consecução de cada um dos graus acadêmicos, considerando as prescrições da Congregação para a Educação Católica.

Art. 80. Para que alguém possa inscrever-se na Faculdade de Direito Canônico, é necessário que tenha feito antes os estudos exigidos, em conformidade com o Art. 32 da presente Constituição.

Título III – A Faculdade de Filosofia

Art. 81 § 1. A Faculdade eclesiástica de Filosofia tem como finalidade investigar, segundo o método científico próprio, os problemas filosóficos; e, baseando-se no patrimônio filosófico perenemente válido (cf. *Optatam totius*, 15: *AAS* 58 [1966] 722), buscar as soluções para os mesmos problemas, à luz natural da razão e, ainda, demonstrar a sua coerência com a visão cristã do mundo, do homem e de Deus, pondo justamente em evidência as relações da Filosofia com a Teologia.

§ 2. Depois, propõe-se a mesma Faculdade instruir os alunos de maneira a torná-los idôneos para o ensino e desenvolver outras congruentes atividades intelectuais, bem como para promover a cultura cristã e estabelecer um frutuoso diálogo com os homens do nosso tempo.

Art. 82. O curso de estudos da Faculdade de Filosofia compreende:

a) o primeiro ciclo, institucional, durante o qual, ao longo de um triênio ou de seis semestres, se fará uma exposição orgânica das várias partes da Filosofia, que tratam do mundo, do homem e de Deus, como também da História da Filosofia, simultaneamente com a introdução ao método da investigação científica;

b) o segundo ciclo, ou ciclo da iniciada especialização, durante o qual, pelo espaço de um biênio ou de quatro semestres, se procederá a uma reflexão filosófica mais profunda, mediante disciplinas especiais e adequados seminários de estudo, em algum dos setores da Filosofia;

c) o terceiro ciclo, no qual, durante um período de pelo menos três anos, se aperfeiçoará a formação científica, especialmente com a elaboração da tese doutoral.

Art. 83. O primeiro ciclo concluir-se-á com o Bacharelado, o segundo com o Mestrado, e o terceiro com o Doutorado.

Art. 84. Para que alguém possa inscrever-se na Faculdade de Filosofia, é necessário que tenha feito antes os estudos para isso exigidos, em conformidade com o art. 32 da presente Constituição.

Qualquer estudante que tenha completado com sucesso os cursos normais do primeiro ciclo de uma Faculdade Teológica, e quiser prosseguir os estudos filosóficos para poder obter um Bacharelado numa Faculdade eclesiástica de Filosofia, deverá levar em conta os cursos frequentados durante o mencionado período.

Título IV – Outras Faculdades

Art. 85. Além das Faculdades de Teologia, de Direito Canônico e de Filosofia, outras Faculdades eclesiásticas foram erigidas canonicamente ou podem vir a sê-lo, atendendo às necessidades da Igreja para alcançar alguns objetivos particulares, quais são, por exemplo:

a) uma mais aprofundada investigação de algumas disciplinas de maior importância entre as matérias teológicas, jurídicas, filosóficas e históricas;

b) a promoção de outras ciências, em primeiro lugar das ciências humanas, que estão mais estreitamente conexas com as disciplinas teológicas ou com a obra da evangelização;

c) ou ainda o estudo aprofundado das letras, as quais ajudam de modo especial quer a compreender a Revelação cristã, quer a atuar com maior eficácia a obra da evangelização;

d) por fim, uma mais acurada preparação tanto dos membros do clero como dos leigos, para desempenharem dignamente alguns encargos apostólicos especiais.

Art. 86. À Congregação para a Educação Católica caberá a incumbência de emanar oportunamente normas especiais para estas Faculdades ou Institutos, como já foi feito quanto aos Títulos precedentes para as Faculdades de Teologia, de Direito Canônico e de Filosofia.

Art. 87. Mesmo as Faculdades e Institutos para os quais ainda não foram emanadas normas especiais deverão, entretanto, elaborar os próprios Estatutos, que estejam conformes com as normas comuns estabelecidas na Primeira Parte da presente Constituição, e que levam em conta a particular natureza e as finalidades próprias de cada Faculdade ou Instituto.

NORMAS FINAIS

Art. 88. A presente Constituição será aplicada no primeiro dia do ano acadêmico de 2018-2019, ou do ano acadêmico de 2019, conforme o calendário escolar das diversas regiões.

Art. 89. Cada uma das Universidades ou Faculdades deverá apresentar os próprios planos de estudos, revistos de acordo com esta Constituição, à Congregação para a Educação Católica, até ao dia 8 de dezembro de 2019.

Art. 90. Em todas e em cada uma das Faculdades, os estudos devem ser ordenados de maneira que os alunos possam alcançar os graus acadêmicos segundo as normas desta Constituição, salvos os direitos dos estudantes anteriormente adquiridos.

Art. 91. Os Estatutos e o plano de estudos das novas Faculdades deverão ser aprovados *"ad experimentum"*, de modo que, por um lapso de tempo de três anos após esta aprovação, possam ser eventualmente aperfeiçoados, em vista de obterem a aprovação definitiva.

Art. 92. Aquelas Faculdades que tenham uma relação jurídica com a Autoridade civil, se for necessário, poderão dispor de um espaço de tempo mais longo para reverem os Estatutos, com a licença da Congregação para a Educação Católica.

Art. 93 § 1. À Congregação para a Educação Católica caberá ainda a incumbência, quando com o passar do tempo as circunstâncias o exigirem, de propor as modificações que hão de ser introduzidas nesta Constituição, para que a mesma Constituição possa estar continuamente adaptada às novas exigências das Faculdades eclesiásticas.

§ 2. Só a Congregação para a Educação Católica pode dispensar a observância de qualquer artigo desta Constituição ou das *Ordinationes*, ou ainda dos Estatutos e do plano de estudos aprovados para cada uma das Universidades ou Faculdades.

Art. 94. São ab-rogadas as leis e os costumes atualmente em vigor que estejam em contraste com esta Constituição, tanto de caráter universal como de caráter particular, mesmo que sejam dignos de especialíssima e particular menção. De igual modo são totalmente ab-rogados os privilégios concedidos até agora pela Santa Sé a pessoas, tanto físicas como morais, que estejam em contraste com as prescrições desta Constituição.

Tudo o que deliberei com esta Constituição quero que tenha vigor firme e estável, não obstante algo em contrário, mesmo que seja digno de menção particular, e que seja publicada no Comentário oficial da *Acta Apostolicae Sedis.*

Dado em Roma, junto de São Pedro, no dia 8 de dezembro de 2017, solenidade da Imaculada Conceição da Beata Virgem Maria, quinto do meu Pontificado.

Franciscus

Apêndice I

PROÊMIO DA CONSTITUIÇÃO APOSTÓLICA
SAPIENTIA CHRISTIANA (1979)

I

A sabedoria cristã, que a Igreja ensina por mandato divino, incita continuamente os fiéis a que se esforcem por concatenar numa única síntese vital as vicissitudes e as atividades humanas justamente com os valores religiosos, sob cuja elevada ordenação todas as coisas se hão de coordenar para a maior glória de Deus e para o aperfeiçoamento integral do homem, o qual compreende os bens do corpo e bens do espírito (cf. Conc. Ecum. Vaticano II, Const. past. sobre a Igreja no mundo contemporâneo *Gaudium et spes*, nn. 43ss.: *AAS* 58 [1966], pp. 1061ss.).

Efetivamente, a missão de evangelizar, que é própria da Igreja, exige não apenas que o Evangelho seja pregado em espaços geográficos cada vez mais vastos e a multidões de homens sempre maiores, mas que sejam também impregnados pela virtude do mesmo Evangelho os modos de pesar, os critérios de julgar e as normas de agir; numa palavra, é necessário que toda a cultura do homem seja penetrada pelo Evangelho (cf. Paulo VI, Exort. Apost. *Evangelii nuntiandi*, nn. 19-20: *AAS* 68 [1976], pp. 18ss.).

O ambiente cultural em que vive o homem exerce uma grande influência no seu modo de pensar e, consequentemente, na sua maneira de agir; por isso o dissídio entre a fé e a cultura constitui um não pequeno obstáculo para a evangelização, ao passo que uma cultura imbuída de espírito cristão favorece a difusão do Evangelho.

Além disso o Evangelho de Cristo, que é destinado a todos os povos de todos os tempos e de todas as latitudes, não está ligado de modo exclusivo a nenhuma cultura particular, mas sim pode permear todas as culturas para iluminá-las com a luz da Revelação divina e purificar em Cristo os costumes dos homens.

É por isso que a Igreja de Cristo se aplica em fazer chegar a Boa-Nova a todas as classes da humanidade, de modo a poder converter as consciências individuais e coletivas de todos os homens e a penetrar com a luz do Evangelho as suas obras e iniciativas, assim como toda a sua vida e todo o meio ambiente social onde eles se acham empenhados. E deste modo a Igreja, promovendo também a civilização humana, desempenha a sua missão de evangelizar (cf. ibid., n. 18: *AAS* 68 [1976], pp. 17ss.; e Conc. Ecum. Vaticano II, Const. past. sobre a Igreja no mundo contemporâneo *Gaudium et spes*, n. 58: *AAS* 58 [1966], p. 1079).

II

Nesta ação da Igreja no que se refere à cultura, tiveram e continuam a ter particular importância as Universidades Católicas, as quais, por sua natureza, intentam constituir, por assim dizer, "uma presença pública, estável e universal da mentalidade cristã em todo o esforço de promoção da cultura superior" (Conc. Ecum. Vaticano II, Decl. sobre a Educação cristã *Gravissimum Educationis*, n. 10: *AAS* 58 [1966], p. 737).

Na Igreja, efetivamente – conforme o recordava o meu Predecessor Pio XI, de venerável memória, no proêmio da Constituição Apostólica *Deus Scientiarum Dominus* (*AAS* 23 [1931], p. 241) – surgiram, desde os primeiros tempos, os *didascaleia* (centros de ensino), com o fim de ensinar a sabedoria cristã, pela qual a vida e os costumes dos homens deveriam ser imbuídos. Foi nestes centros da sabedoria cristã que foram haurir a ciência os mais eminentes Padres e Doutores da Igreja, os Mestres e os Escritores eclesiásticos.

Com o decorrer dos séculos, realmente, graças sobretudo à hábil ação dos Bispos e dos Monges, foram fundadas, junto das Catedrais e dos Mosteiros, as escolas, as quais promoviam quer a doutrina eclesiástica, quer a cultura profana, como que a formarem um todo único. De tais escolas se originaram as Universidades, essas gloriosas instituições da Idade Média, que desde os inícios tiveram a Igreja como mãe liberalíssima e patrocinadora.

E mesmo depois, quando as Autoridades civis, solícitas pelo bem comum, começaram a fundar e a promover Universidades próprias, a Igreja, em conformidade com a sua mesma natureza, não desistiu de fundar e de favorecer estes centros da sabedoria e instituições de ensino, como o demonstram as numerosas Universidades Católicas erigidas, também nestes últimos tempos, em quase todas as partes do mundo. Na verdade, a Igreja, consciente da própria missão de salvação que se estende a todas as partes da terra, faz todo o possível para se manter em ligação de modo peculiar com estes estabelecimentos do ensino superior, e deseja que eles estejam florescentes em toda parte e possam operar eficazmente para tornar presente e fazer progredir a verdadeira mensagem de Cristo nos diversos campos da cultura humana.

Foi para que as Universidades Católicas pudessem alcançar melhor este objetivo que o Nosso Predecessor Pio XII procurou estimular a sua comum colaboração, quando, com o Breve Apostólico datado de 27 de julho de 1949, constituiu formalmente a Federação das Universidades Católicas, "para que possa englobar todas as Instituições de ensino superior que a Santa Sé erigiu, ou no futuro vier a erigir canonicamente no mundo, ou que ela tenha expressamente reconhecido como estando orientadas segundo as normas da educação católica e com ela absolutamente conformes" (*AAS* 42 [1950], p. 387).

Por tudo isso, o Concílio Vaticano II não teve dúvidas em afirmar que "a Igreja acompanha com zelosa solicitude estas Escolas de nível superior"; e prosseguia exortando vivamente a que as Universidades Católicas "sejam desenvolvidas e convenientemente distribuídas pelas diversas partes do mundo", e a que nelas se dê aquela formação capaz de "fazer dos alunos homens verdadeiramente eminentes pela doutrina e preparados para se desempenharem dos mais exigentes cargos na sociedade e para darem testemunho da própria fé perante o mundo" (Conc. Ecum. Vaticano II, Declaração sobre a Educação cristã *Gravissimum Educationis*, n. 10: *AAS* 58 [1966], p. 737). Na realidade, como a Igreja seguidamente reconhecia, "o futuro da sociedade e da mesma Igreja está intimamente ligado com o bom aproveitamento intelectual dos jovens dados aos estudos superiores" (ibid.).

III

Não é para admirar, no entanto, que a Igreja, dentre as Universidades Católicas, tenha posto um particular e constante empenho em promover as *Faculdades e Universidades eclesiásticas*; ou seja, aquelas que se ocupam de modo especial da Revelação cristã e de tudo aquilo que com esta anda relacionado e, por conseguinte, que mais intimamente estão em conexão com a sua própria missão de evangelizar.

Foi a estas Faculdades que a Igreja confiou, antes de mais nada, o encargo de preparar com cuidados particulares os próprios alunos para o ministério sacerdotal e para exercerem o magistério das ciências sagradas e, ainda, para se desempenharem das mais árduas tarefas do apostolado. É igualmente função destas Faculdades "investigar mais profundamente os vários campos das disciplinas sagradas, de tal maneira que se consiga uma inteligência cada vez mais plena da Sagrada Revelação, seja mais bem explorado o patrimônio da sabedoria cristã transmitido pelas gerações passadas e se promova o diálogo com os irmãos separados e com os não cristãos e, enfim, se dê resposta às questões nascidas do progresso cultural" (ibid., n. 11: *AAS* 58 [1966], p. 738).

Efetivamente, as novas ciências e as descobertas recentes levantam novos problemas que põem interrogações e interpelam as disciplinas sagradas. Por isso mesmo, é necessário que os cultores destas ciências sagradas, ao mesmo tempo que se desempenham da sua primária tarefa, qual é a de procurarem alcançar, mediante a investigação teológica, um conhecimento cada dia mais profundo da verdade revelada, tenham o cuidado de cultivar os contatos com os estudiosos de outros ramos do saber, quer se trate de crentes, quer de não crentes; e isto comporta o esforço por entender e saber interpretar as suas afirmações, bem como de ajuizar sobre elas à luz da verdade revelada (cf. Conc. Ecum. Vaticano II, Const. past. sobre a Igreja no mundo contemporâneo *Gaudium et spes* n. 62: *AAS* 58 [1966], p. 1083).

Por este contato assíduo com as mesmas realidades, os teólogos sentir-se-ão estimulados para buscarem as formas mais adequadas para comunicar a doutrina aos homens do próprio tempo que se aplicam nos diversos campos do saber; realmente, "uma coisa é o depósito da fé, ou o conjunto das verdades que estão contidas na nossa veneranda doutrina, e outra coisa é o modo como elas se enunciam, se bem que sempre com o mesmo sentido e o mesmo significado" (cf. João XXIII, *Discurso inaugural do Concílio Ecum. Vaticano II*, em *AAS* 54 [1962], p. 792; e Conc. Ecum. Vaticano II, Const. past. sobre a Igreja no mundo contemporâneo *Gaudium et spes*, n. 62: *AAS* 58 [1966], p. 1083). Tudo isto será de grande utilidade para que no seio do Povo de Deus o culto religioso e a probidade moral dos espíritos procedam a um ritmo sincronizado com o progresso das ciências e da técnica, e ainda, para que, mediante os cuidados pastorais, os fiéis sejam levados gradualmente a uma vida de fé mais pura e mais amadurecida.

Há cabimento para uma tal ou qual conexão com a missão evangelizadora da Igreja também nas Faculdades em que são ministradas aquelas ciências que, não obstante não terem uma particular ligação com a Revelação cristã, muito podem contribuir, contudo, para a obra da evangelização; e é sob este aspecto que elas são consideradas pela Igreja quando se trata de erigi-las em Faculdades Eclesiásticas, ou seja, com uma particular relação com a Sagrada Hierarquia.

Assim, a Sé Apostólica, para cumprir a própria missão, tem a consciência bem clara do seu direito e dever de erigir e promover Faculdades Eclesiásticas que dela dependam, quer como entidades existentes separadamente, quer inseridas em Universidades, destinadas aos alunos dados aos estudos sagrados e também aos estudantes leigos; e auspicia vivamente para isso a cooperação do Povo de Deus, sob a orientação dos Pastores, a fim de que estes estabelecimentos onde se ensina a sabedoria cristã possam contribuir eficazmente para o incremento da fé e da vida cristã.

IV

As Faculdades eclesiásticas – as quais se ordenam para o bem comum da Igreja, devendo, portanto, ser tidas numa grande estima por toda a comunidade eclesial – devem estar conscientes da sua importância na Igreja e do papel que nesta são chamadas a desempenhar no campo do seu ministério. Depois, aquelas que se ocupam diretamente do estudo da Revelação divina, lembrem-se também da ordem que a respeito deste ministério Jesus Cristo, o Mestre Supremo, deu à sua Igreja com as seguintes palavras: "Ide, pois, ensinai todas as gentes, batizando-as em nome do Pai, e do Filho, e do Espírito Santo, ensinando-as a observar todas as coisas que vos mandei" (*Mt* 28,19-20). Donde a necessidade de uma total adesão de tais Faculdades à doutrina de Cristo, cujo intérprete autêntico e guarda fiel tem sido sempre, ao longo dos séculos, o Magistério da Igreja.

As Conferências Episcopais dos países ou regiões onde existirem tais Faculdades promovam solicitamente o seu progresso e estimulem continuamente com igual empenho a fidelidade das mesmas à doutrina de Igreja, de modo que estas, perante toda a comunidade dos fiéis, deem testemunho de acatamento da ordem dada por Cristo, acima recordada. Este testemunho há de ser dado tanto pela Faculdade como tal como por cada um dos seus membros. As Universidades e as Faculdades eclesiásticas foram criadas, de fato, para a edificação e o bem dos fiéis; isto devem elas ter sempre presente como critério permanente da atividade que desenvolvem.

Assim, os professores principalmente, dada a sua maior responsabilidade, porquanto encarregados de um ministério particular da Palavra de Deus, hão de ser para os alunos mestres da fé, para os seus ouvintes e demais fiéis testemunhas da verdade viva do Evangelho e exemplos de fidelidade à Igreja. Convém recordar sempre as graves palavras de Paulo VI a este respeito: "A função do teólogo deve ser exercida para a edificação da comunhão eclesial, para que o Povo de Deus cresça na experiência da fé" (Paulo VI, Carta *Le transfert à Louvain-la-Neuve*, dirigida ao Reitor Magnífico da Universidade Católica de Lovaina, de 13 de setembro de 1975 (em *L'Osservatore Romano* de 22-23 de setembro de 1975); cf. João Paulo PP. II, Enc. *Redemptor hominis*, n. 19: *AAS* 71 [1979], pp. 305ss.).

V

Para se poder alcançar esta finalidade é necessário que as Faculdades eclesiásticas estejam organizadas de modo a corresponderem adequadamente às novas exigências da época atual; foi por isso mesmo que o próprio Concílio Vaticano II estabeleceu que as leis que regem tais Faculdades deveriam ser objeto de revisão (cf. Decl. sobre a Educação cristã *Gravissimum Educationis*, n 11: *AAS* 58 [1966], p. 738).

Efetivamente, a Constituição Apostólica *Deus Scientiarum Dominus*, promulgada pelo meu Predecessor Pio XI a 24 de maio de 1931, a seu tempo contribuiu muito para a renovação dos estudos eclesiásticos superiores; dadas, porém, a novas condições de vida, ela exige agora que sejam feitas algumas adaptações oportunas e algumas inovações.

Na verdade, transcorridos que foram quase cinquenta anos, grandes transformações se operaram, não apenas na sociedade civil, mas também na própria Igreja. Importantes acontecimentos se verificaram – como, por exemplo e em primeiro plano, o Concílio Vaticano II – os quais afetaram tanto a vida interna da Igreja quanto as suas relações externas, quer com os cristãos de outras Igrejas, quer com os não cristãos e os não crentes, quer, ainda, com todos aqueles que são fautores de uma civilização mais humana.

Acontece também que as ciências teológicas atraem cada dia mais as atenções, não apenas dos membros do clero, mas também dos leigos, os quais cada vez em maior número frequentam as aulas de Teologia que, por isso mesmo, se multiplicaram consideravelmente, nestes anos mais recentes.

Começa a aparecer, por fim, uma mentalidade nova pelo que respeita à mesma estrutura das Universidades e das Faculdades, quer civis, quer eclesiásticas, por causa do justo desejo de uma vida universitária com abertura para uma maior participação, pelo qual são movidos todos aqueles que, de algum modo, dela fazem parte.

E não se deve esquecer ainda: a grande evolução que se deu nos métodos pedagógicos e didáticos, os quais exigem novos critérios na ordenação dos estudos; igualmente, o nexo íntimo que cada dia mais se adverte entre as várias ciências e disciplinas, bem como o desejo de uma maior cooperação em todo o âmbito das Universidades.

Foi com o intento de satisfazer a estas novas exigências que a Sagrada Congregação para a Educação Católica, em execução do mandato recebido do Concílio Vaticano II, começou a afrontar, já em 1967, a tarefa da remodelação, segundo a mente do mesmo Concílio; e assim, no dia 20 de maio de 1968 foram por ela promulgadas "algumas Normas para a revisão da Constituição Apostólica *Deus Scientiarum Dominus* sobre os estudos acadêmicos eclesiásticos", as quais nestes últimos anos exerceram uma benéfica influência.

VI

Agora, porém, é chegado o momento em que a obra deve ser completada e aperfeiçoada com uma nova lei, a qual – ab-rogada a Constituição *Deus Scientiarum Dominus* com as anexas Disposições, assim como as aludidas Normas promulgadas pela mesma Sagrada Congregação a 20 de maio de 1968 – assuma aqueles elementos que em tais documentos resultam ainda válidos e estabeleça novas normas segundo as quais a renovação, já felizmente iniciada, se processe ulteriormente e seja completada.

A ninguém passam despercebidas, certamente, as dificuldades que parecem opor-se à promulgação de uma nova Constituição Apostólica. Primeiramente, é o "correr veloz do tempo", trazendo consigo transformações tão rápidas que se afigura impossível estabelecer algo estável e duradouro; depois, é ainda "a diversidade dos lugares", que parece exigir um pluralismo tal, que faz apresentarem-se como quase impossíveis normas comuns, que possam ser válidas em todas as partes do mundo.

No entanto, dado que em todo o mundo existem Faculdades eclesiásticas, que foram erigidas ou aprovadas pela Santa Sé e conferem graus acadêmicos em nome da mesma Sé Apostólica, é necessário que seja respeitada certa unidade substancial e que as condições exigidas para a consecução dos mesmos graus acadêmicos sejam claramente determinadas e vigorem por toda parte.

Sendo assim, deve-se cuidar, certamente, por que aquelas coisas que são necessárias e se prevê que virão a ser bastante estáveis sejam estabelecidas por lei, deixada, ao mesmo tempo, a justa liberdade para se poderem introduzir nos Estatutos próprios de cada Faculdade eclesiástica ulteriores especificações, considerando as circunstâncias locais e os usos vigentes nas Universidades de cada região. Desse modo, o legítimo progresso dos estudos acadêmicos não será impedido nem coarctado, mas antes e tão somente orientado pelo reto caminho para que possa obter frutos mais abundantes; juntamente com a legítima diferenciação das Faculdades, porém, há de tornar-se patente a todos a clara unidade da Igreja Católica também nestes estabelecimentos de ensino superior.

Por tudo isto, a Sagrada Congregação para a Educação Católica, por mandato do meu Predecessor Paulo VI, num primeiro momento consultou as mesmas Universidades e Faculdades eclesiásticas, bem como os Organismos da Cúria Romana e outras entidades interessadas no assunto; depois, constituiu uma comissão de especialistas, os quais, sob a direção da mesma Congregação, reviram acuradamente a legislação relativa aos estudos acadêmicos eclesiásticos.

Concluídas que foram com êxito estas diligências, era intenção do Santo Padre Paulo VI promulgar a presente Constituição, quando a morte o levou; o falecimento imprevisto impediu também o Papa João Paulo I de fazê-lo. Assim, depois de haver de novo ponderado atentamente o assunto, com a minha Autoridade Apostólica, eu decreto e estabeleço as leis e as normas que se seguem.

NORMAS APLICATIVAS DA CONGREGAÇÃO PARA A EDUCAÇÃO CATÓLICA PARA A EXATA APLICAÇÃO DA CONSTITUIÇÃO APOSTÓLICA *VERITATIS GAUDIUM*

A Congregação para a Educação Católica, em conformidade com o art. 10 da Constituição Apostólica *Sapientia Christiana*, promulga para as Universidades e para as Faculdades eclesiásticas as Normas Aplicativas que se seguem, prescrevendo que as mesmas sejam fielmente observadas.

Primeira parte
Normas comuns

Título I – Natureza e finalidade das Universidades e Faculdades eclesiásticas (Const. Apost., arts. 1-10)

Art. 1 § 1. As normas sobre as Universidades e Faculdades eclesiásticas são aplicadas considerando a sua peculiaridade, *congrua congruis referendo*, também às outras instituições de educação superior, que tenham sido canonicamente erigidas ou aprovadas pela Santa Sé, com o direito de conferir graus acadêmicos por autoridade da mesma Santa Sé.

§ 2. As Universidades e Faculdades eclesiásticas, bem como as outras instituições de educação superior, estão em princípio sujeitas à avaliação pela Agência da Santa Sé para a Avaliação e a Promoção da Qualidade nas Universidades e Faculdades eclesiásticas (AVEPRO).

Art. 2. Com o fim de favorecer a investigação científica, são muito recomendados centros especiais de pesquisa, as revistas periódicas e as coleções científicas, bem como os congressos científicos e todas as outras formas idôneas de colaboração científica.

Art. 3. As tarefas para as quais os alunos se preparam podem ser propriamente científicas, como a investigação e o ensino, ou então pastorais.

Esta diversidade deve ser considerada no plano de estudos e na determinação dos graus acadêmicos, mantendo sempre a índole científica dos mesmos.

Art. 4. A colaboração no ministério da evangelização diz respeito à ação da Igreja no campo da pastoral, do ecumenismo e das missões; ela será orientada, em primeiro lugar, para a inteligência aprofundada, para a defesa e para a difusão da fé; e há de estender-se, depois, a todo o âmbito da cultura e da sociedade humana.

Art. 5. As Conferências Episcopais, também nisto unidas à Sé Apostólica, hão de interessar-se pelas Universidades e Faculdades; assim:

1º juntamente com os Grão-Chanceleres favoreçam o seu progresso e, mantida a devida autonomia da ciência segundo o pensamento do Concílio Vaticano II, sejam solícitas, em primeiro lugar, da sua situação no campo científico e eclesial;

2º quanto às questões comuns existentes no âmbito da própria região, ajudem a atividade das Faculdades, inspirem-na e ajudem a resolver devidamente tais questões;

3º salvaguardando sempre a excelência científica, cuidem para que haja um número adequado de Faculdades, considerando as necessidades da Igreja e o progresso cultural da própria região;

4º para alcançar tal objetivo, constituam no seu seio uma Comissão, que seja coadjuvada por especialistas.

Art. 6. Uma instituição à qual a Congregação para a Educação Católica conferiu o direito de conceder apenas o grau acadêmico de segundo e/ou de terceiro ciclo, é denominada "Instituto *ad instar Facultatis*".

Art. 7 § 1. Na elaboração dos Estatutos e no plano de estudos, tenham-se presentes as Normas contidas no Apêndice I destas Normas aplicativas.

§ 2. Segundo as modalidades estabelecidas nos Estatutos, as Universidades e as Faculdades podem por autoridade própria instituir Regulamentos que, observando as disposições Estatutárias, definam de modo mais detalhado as suas disposições constitucionais, o modo de administração e de ação.

Art. 8 § 1. O valor canônico de um grau acadêmico significa que tal grau habilita para assumir os cargos eclesiásticos para os quais o mesmo é requerido; isto é válido, de modo particular, para o ensino das ciências sagradas nas Faculdades e nos Seminários maiores e nas instituições equivalentes.

§ 2. As condições que hão de ser satisfeitas para o reconhecimento dos graus acadêmicos – de que se fala no art. 9 da Constituição – para além do consenso da competente Autoridade eclesiástica local ou regional, dirão respeito, em primeiro lugar, ao colégio dos professores, ao plano de estudos e aos subsídios científicos.

§ 3. Os graus reconhecidos só para determinados efeitos canônicos nunca poderão ser completamente equiparados aos graus acadêmicos.

Título II – A comunidade acadêmica e o seu governo
(Const. Apost., arts. 11-21)

Art. 9. Ao Grão-Chanceler compete:

1º fazer progredir a Universidade ou Faculdade constantemente; promover o empenho científico e a identidade eclesiástica; fazer com que a doutrina católica seja integralmente guardada e com que sejam fielmente observados os Estatutos e as normas prescritas pela Santa Sé;

2º favorecer estreitas relações entre todos os membros da comunidade acadêmica;

3º propor à Congregação para a Educação Católica os nomes quer de quem há de ser, segundo a norma do art. 18 da Constituição, nomeado ou confirmado Reitor, Diretor/Presidente ou Decano, quer dos Professores para os quais deve ser pedido o "nada obsta";

4º receber a profissão de fé do Reitor, Diretor/Presidente ou Decano (cf. cân. 833, 7 CIC);

5º dar ou retirar a licença para ensinar ou a missão canônica aos professores, em conformidade com as normas da Constituição;

6º requerer à Congregação o "nada obsta" para a concessão dos doutoramentos *honoris causa*;

7º informar a Congregação para a Educação Católica sobre os assuntos mais importantes e enviar-lhe, de cinco em cinco anos, um relatório pormenorizado, juntamente com o seu parecer pessoal, acerca da situação acadêmica, moral e econômica da Universidade ou da Faculdade e o seu plano estratégico, segundo o esquema fixado pela mesma Congregação.

Art. 10. No caso de a Universidade ou a Faculdade depender de uma autoridade colegial (por exemplo, da Conferência Episcopal), deve ser designada uma pessoa que dela faça parte para exercitar o cargo de Grão-Chanceler.

Art. 11. O Ordinário do lugar, quando suceder não ser ele o Grão-Chanceler, uma vez que tem a responsabilidade pela vida pastoral da sua Diocese, no caso de vir a ter conhecimento de que na Universidade ou Faculdade se verificam fatos contrários à doutrina, à moral ou à disciplina eclesiástica, deve advertir disso o Grão-Chanceler, a fim de que este tome providências; se o Grão-Chanceler não tomar de fato providências, fica livre o recurso à Santa Sé, salvo a obrigação de diretamente tomar providências ele mesmo nos casos mais graves ou urgentes, que constituam um perigo para a própria Diocese.

Art. 12. A nomeação ou a confirmação de quem está sujeito às normas do art. 18 da Constituição é necessária também para um novo mandato dos titulares citados.

Art. 13. Deve ser bem precisado nos Estatutos das Universidades ou nos de cada Faculdade quanto foi estabelecido no art. 19 da Constituição, atribuindo-se, segundo os casos, maior importância ao governo colegial ou ao governo pessoal, contanto que ambas as modalidades sejam mantidas, e considerando a praxe nas Universidades da região onde se encontra a Faculdade, ou o Instituto religioso ao qual a mesma pertence.

Art. 14. Além do Conselho de Universidade (Senado Acadêmico) e do Conselho de Faculdade – que, muito embora com nomes diversos, existem em toda a parte – os Estatutos podem oportunamente estabelecer ainda outros Conselhos especiais, ou então Comissões, para o funcionamento e a promoção dos setores científicos, pedagógicos, disciplinar, econômico etc.

Art. 15 § 1. Segundo a Constituição, o Reitor é aquele que está à frente da Universidade; o Diretor/ Presidente é aquele que está à frente de um Instituto ou de uma Faculdade *sui iuris*; o Decano é aquele que está à frente de uma Faculdade que faz parte de uma Universidade; e o Diretor é aquele que está à frente de um Instituto acadêmico agregado ou incorporado.

§ 2. Nos Estatutos há de ser fixado o período de tempo para o qual eles são nomeados e de que maneira e quantas vezes poderão ser reconduzidos no cargo.

Art. 16. Ao múnus de Reitor ou de Diretor/Presidente compete:

1º dirigir, promover e coordenar toda a atividade da Comunidade acadêmica;

2º representar a Universidade, o Instituto, ou a Faculdade *sui iuris*;

3º convocar os Conselhos de Universidade, de Instituto, ou de Faculdade *sui iuris*, e presidi-los em conformidade com os Estatutos;

4º vigiar a administração econômica;

5º informar o Grão-Chanceler sobre os assuntos mais importantes;

6º certificar-se de que sejam atualizados de forma eletrônica, anualmente, os dados da instituição presentes no Banco de Dados da Congregação para a Educação Católica.

Art. 17. Ao Decano de Faculdade compete:

1º promover e coordenar toda a atividade da Faculdade, especialmente no que se refere aos estudos, e prover tempestivamente às suas necessidades;

2º convocar o Conselho de Faculdade e presidi-lo;

3º admitir ou demitir, em nome do Reitor, os alunos, de acordo com as normas dos Estatutos;

4º informar o Reitor daquilo que se faz na Faculdade ou que pela mesma é proposto;

5º procurar que seja executado tudo aquilo que é estabelecido pelas Autoridades superiores;

6º atualizar de forma eletrônica, pelo menos uma vez por ano, os dados da instituição presentes no Banco de Dados da Congregação para a Educação Católica.

Título III – Os professores
(Const. Apost., arts. 22-30)

Art. 18 § 1. Os Professores designados de maneira estável para a Faculdade são, em primeiro lugar, aqueles que, com título pleno e certo, foram assumidos e costumam ser designados com o nome de Ordinários; a estes se seguem, pela ordem, os Extraordinários; e poderá ser útil que haja outros ainda, segundo a praxe das Universidades.

§ 2. As Faculdades devem ter um número mínimo de professores estáveis: 12 para a Faculdade de Teologia (e, eventualmente, pelo menos 3 munidos dos títulos filosóficos requeridos: cf. *Ord.*, Art. 57); 7 para a Faculdade de Filosofia; 5 para a Faculdade de Direito Canônico; 5 ou 4 para os Institutos Superiores de Ciências Religiosas, dependendo se o Instituto confere os graus de 1 e 2 ciclos ou somente de 1 ciclo. As Faculdades restantes devem ter pelo menos 5 professores estáveis.

§ 3. Além dos Professores estáveis, costuma haver outros Professores diversamente designados, em primeiro lugar, os Convidados de outras Faculdades.

§ 4. Será oportuno, enfim, para o desempenho de peculiares encargos acadêmicos, que haja Assistentes, os quais devem possuir para isso um título conveniente.

Art. 19 § 1. Por côngruo Doutorado entende-se aquele que está relacionado com a disciplina a ensinar.

§ 2. Nas Faculdades de Teologia e de Direito canônico, se se tratar de uma disciplina sagrada ou com ela relacionada, é requerido ordinariamente o Doutorado canônico; se o Doutorado não for canônico, é requerido pelo menos o Mestrado canônico.

§ 3. Nas Faculdades restantes, se o professor não possuir um Doutorado canônico nem um Mestrado canônico, só poderá ser contado como professor estável sob condição de que a sua formação seja coerente com a identidade de uma Faculdade eclesiástica. Ao avaliar os candidatos à docência deverá ter-se presente, para além da necessária competência na matéria a eles confiada, também da consonância e da adesão à verdade transmitida pela fé que se manifesta nas suas publicações e nas suas atividades didáticas.

Art. 20 § 1. Aos Professores de outras Igrejas e comunidades eclesiais, cooptados segundo as normas da competente Autoridade eclesiástica (cf. Diretório para a Aplicação dos Princípios e Normas sobre o Ecumenismo [1993], n. 191ss.: *AAS* 85 [1993] 1107ss.), a autorização para ensinar será dada pelo Grão-Chanceler.

§ 2. Os Professores de outras Igrejas e comunidades eclesiais não podem ensinar os cursos de doutrina no primeiro ciclo, mas podem ensinar outras disciplinas (cf. Diretório para a Aplicação dos Princípios e Normas sobre o Ecumenismo [1993], n. 192: *AAS* 85 [1993] 1107-1108). No segundo ciclo, estes podem ser chamados como Professores convidados (cf. Diretório para a Aplicação dos Princípios e Normas sobre o Ecumenismo [1993], n. 195: *AAS* 85 [1993] 1109).

Art. 21 § 1. Os Estatutos devem indicar quando é conferido o cargo de Professor estável; isto em referência à declaração de "nada obsta", a ser obtida em conformidade com o art. 27 da Constituição.

§ 2. O "nada obsta" da Santa Sé é a declaração de que, segundo as normas da Constituição e dos Estatutos particulares, não existe impedimento algum à nomeação proposta, mas que por si só não confere nenhum direito a ensinar. Se depois suceder que exista um impedimento qualquer, isso deve ser comunicado ao Grão-Chanceler, o qual ouvirá o Professor a tal respeito.

§ 3. Se peculiares circunstâncias de lugar e de tempo impedirem que se peça a declaração de "nada obsta" à Santa Sé, o Grão-Chanceler pôr-se-á em contato com a Congregação para a Educação Católica, a fim de se encontrar uma solução adequada.

§ 4. Nas Faculdades que se encontram sob um particular regime concordatário, observem-se as normas estipuladas nas concordatas aí em vigor e, se existirem, as normas particulares emanadas da Congregação para a Educação Católica.

Art. 22. O intervalo de tempo necessário para uma promoção, que deve ser pelo menos de um triênio, há de ser estabelecido nos Estatutos.

Art. 23 § 1. Os Professores, e em primeiro lugar os Professores estáveis, procurem colaborar assiduamente entre si; aconselha-se também a cooperação com Professores de outras Faculdades, sobretudo quando se trata de matérias afins ou correlacionadas.

§ 2. Não se pode ser ao mesmo tempo Professor estável em diferentes Faculdades.

Art. 24 § 1. Nos Estatutos há de ser acuradamente definido o modo de proceder nos casos de suspensão ou de remoção do cargo de um Professor, especialmente por motivos respeitantes à doutrina.

§ 2. Deve-se procurar, primeiramente, resolver a questão de modo privado entre o Reitor, ou o Diretor/Presidente, ou o Decano, e o mesmo Professor. Se não se conseguir chegar a um acordo, então o assunto seja tratado pelo competente Conselho ou Comissão, de tal sorte que o primeiro exame do caso se faça dentro da Universidade ou da Faculdade. Se isso não for suficiente ainda, o problema seja remetido para o Grão-Chanceler, o qual, juntamente com pessoas peritas da Universidade, ou da Faculdade, ou mesmo a pessoas externas a esta, examinará a questão a fim de prover de maneira adequada. Deve-se sempre assegurar ao Professor o direito de conhecer a causa e as provas, bem como de expor e defender a própria causa. Permanecerá em aberto o direito ao recurso à Santa Sé para uma solução definitiva do caso (cf. cân. 1732-1739 CIC; cân. 996-1006 CCEO; cân. 1445 § 2 CIC; João Paulo II, Const. Apost. *Pastor Bonus*, Art. 123, *AAS* 80 [1988] 891-892).

§ 3. No entanto, nos casos mais graves ou urgentes, a fim de se prover ao bem dos alunos e eventualmente dos fiéis, o Grão-Chanceler suspenda das funções *ad tempus* o Professor, enquanto se não concluir o procedimento ordinário.

Art. 25. Os membros do clero diocesano e os religiosos e equiparados, para poderem tornar-se professores numa Faculdade e para aí permanecerem como tais, devem ter o consentimento do próprio Ordinário, do Hierarca ou do Superior religioso, em conformidade com as normas estabelecidas quanto a este ponto pela competente Autoridade Eclesiástica.

Título IV – Os alunos
(Const. Apost., arts. 31-35)

Art. 26 § 1. O regular atestado, em conformidade com o art. 31 da Constituição, versará:

1º sobre a honestidade da vida: para os membros do clero, os seminaristas e os consagrados será passado pelo Ordinário, pelo Hierarca, pelo Superior ou por um seu delegado; para os demais, por uma pessoa eclesiástica;

2º sobre os estudos prévios: é o título de estudo requerido segundo o teor do art. 32 da Constituição.

§ 2. Uma vez que os estudos requeridos para entrar numa Universidade nas diversas nações são diferentes, a Faculdade tem o direito e o dever de verificar se de fato foram estudadas todas as disciplinas consideradas necessárias pela mesma Faculdade.

§ 3. Nas Faculdades de Ciências Sagradas requer-se um conveniente conhecimento da língua latina, para que os alunos possam compreender e usar as fontes de tais ciências e os documentos da Igreja (cf. *Optatam totius*, 13: *AAS* 58 [1966] 721; Paulo VI *Romani Sermonis*: *AAS* 68 [1976] 481ss.).

§ 4. Se uma disciplina não foi estudada, ou o foi apenas de maneira insuficiente, a Faculdade procurará suprir em tempo oportuno os conhecimentos que faltam e far-se-á o respectivo exame.

Art. 27. Além dos alunos ordinários, ou seja, aqueles que intentam conseguir os graus acadêmicos, poderão ser admitidos alunos extraordinários, em conformidade com as normas estabelecidas nos Estatutos.

Art. 28. A passagem de um aluno de uma Faculdade para outra poderá verificar-se somente no início do ano acadêmico ou do semestre, após ter sido acuradamente examinada a sua posição acadêmica e disciplinar; todavia, em nenhum caso, alguém poderá ser admitido a um grau acadêmico, se não tiver concluído antes com aproveitamento tudo aquilo que é necessário para a consecução desse grau, segundo os Estatutos e o plano de estudos.

Art. 29. No determinar as normas para a suspensão ou para a exclusão de um aluno da Faculdade, seja salvaguardado o direito que ele tem de defender-se.

Título V – Os oficiais e o pessoal administrativo e de serviços (Const. Apost., art. 36)

Título VI – O plano dos estudos (Const. Apost., arts. 37-44)

Art. 30. O plano de estudos necessita da aprovação da Congregação para a Educação Católica (cf. cân. 816 § 2 CIC; cân. 650 CCEO).

Art. 31. O plano de estudos de cada Faculdade deve estabelecer quais as disciplinas (principais e auxiliares) que hão de ser obrigatórias e frequentadas por todos; e, por outro lado, quais as que serão livres ou se deixam em opção.

Art. 32. O plano de estudos deve estabelecer, de igual modo, quais são os trabalhos práticos e os seminários de estudo nos quais os alunos não somente deverão estar presentes, mas também participar ativamente, num trabalho de conjunto com os demais, elaborando e apresentando dissertações próprias.

Art. 33 § 1. As lições e os trabalhos práticos hão de ser distribuídas de modo adequado, de tal forma que o estudo privado e o trabalho pessoal, sob a orientação dos professores, fiquem realmente favorecidos.

§ 2. Uma parte dos cursos pode ser realizada à distância, se o plano de estudos, aprovado pela

Congregação para a Educação Católica, assim o prevê e lhe determina as condições necessárias, de modo particular no que diz respeito aos exames.

Art. 34 § 1. Os Estatutos ou os Regulamentos das Universidades ou da Faculdade determinem também como é que os examinadores devem exprimir o seu juízo acerca dos alunos.

§ 2. No exame complexivo final acerca dos alunos candidatos aos diversos graus acadêmicos, sejam consideradas todas as classificações que tenham sido obtidas nas várias provas, tanto escritas como orais, feitas pelos mesmos alunos.

§ 3. Nos exames para a consecução dos graus, especialmente do Doutorado, poderão utilmente ser convidados também professores externos.

Título VII – Os graus acadêmicos
e outros títulos
(Const. Apost., arts. 45-52)

Art. 35. Nas Universidades ou Faculdades eclesiásticas, canonicamente erigidas ou aprovadas, os graus acadêmicos são conferidos pela autoridade da Santa Sé.

Art. 36 § 1. Os Estatutos hão de determinar quais são os requisitos necessários para a preparação da tese de doutorado, bem como as normas para a sua defesa pública e para a sua publicação.

§ 2. É admissível a publicação da tese em formato eletrônico, se o plano de estudos assim o prevê e nele estão determinadas as condições que garantam a sua permanente acessibilidade.

Art. 37. Seja enviado um exemplar impresso das teses publicadas à Congregação para a Educação Católica. Aconselha-se que seja enviado um exemplar das mesmas às Faculdades eclesiásticas, pelo menos às da própria região que se ocupam das mesmas ciências.

Art. 38. Os documentos autênticos da concessão dos graus acadêmicos hão de ser assinados pelas Autoridades acadêmicas, segundo os Estatutos; e além disso, também pelo Secretário da Universidade ou da Faculdade, e nos mesmos seja colocado o respectivo selo oficial.

Art. 39. Nos países onde as convenções internacionais estipuladas pela Santa Sé o requerem e nas instituições onde as autoridades acadêmicas o retenham oportuno, além dos documentos autênticos dos graus acadêmicos, se anexe um documento com ulteriores informações acerca do percurso dos estudos (por exemplo, o *Diploma Supplement*).

Art. 40. Não se confira o Doutorado *honoris causa* sem o consenso do Grão-Chanceler, o qual, por sua vez, deve antes obter o "nada obsta" da Santa Sé e ouvir o parecer do Conselho da Universidade ou da Faculdade.

Art. 41. Para que uma Faculdade possa conferir outros títulos, para além daqueles graus acadêmicos conferidos pela autoridade da Santa Sé, é necessário:

1. que a Congregação para a Educação Católica tenha dado o "nada obsta" para a concessão do respectivo título;

2. que o plano de estudos estabeleça a natureza do título, indicando explicitamente que não se trata de um grau acadêmico conferido pela autoridade da Santa Sé;

3. que o próprio Diploma declare que o título não é conferido pela autoridade da Santa Sé.

Título VIII – Os subsídios didáticos
(Const. Apost., arts. 53-56)

Art. 42. As Universidades ou Faculdades devem dispor de salas de aulas verdadeiramente funcionais e decorosas, adequadas às exigências das diversas disciplinas e ao número dos alunos.

Art. 43. Deverá haver à disposição uma biblioteca para consulta, na qual se encontrem as obras principais necessárias para o trabalho científico, quer dos professores, quer dos alunos.

Art. 44. As normas para a biblioteca hão de ser estabelecidas de molde a facilitar o seu acesso e o seu uso, especialmente aos professores e aos alunos.

Art. 45. Procure-se favorecer a colaboração e a coordenação entre as bibliotecas da mesma localidade ou da mesma região

Título IX – Administração econômica
(Const. Apost., arts. 57-60)

Art. 46 § 1. Para o bom andamento da administração, as Autoridades acadêmicas procurem informar-se, em tempos estabelecidos, acerca da situação econômica; e periodicamente a submetam a um acurado controle.

§ 2. Anualmente o Reitor ou o Diretor/Presidente envie um relatório sobre o estado econômico da Universidade ou Faculdade ao Grão-Chanceler.

Art. 47 § 1. Proveja-se, de maneira oportuna, a que o pagamento das cotas não impeça o acesso aos graus acadêmicos daqueles alunos que, pelos dotes intelectuais de que dão mostras, constituam uma esperança de vir a contribuir mais tarde com a Igreja.

§ 2. Por isso, há de haver o cuidado de instituir particulares subsídios econômicos, de proveniência eclesial, civil ou privada, para a ajuda dos alunos.

Título X – O planejamento e
a colaboração das Faculdades
(Const. Apost., arts. 61-67)

Art. 48 § 1. Quando se houver de erigir uma nova Universidade ou Faculdade, é necessário que:

a) tenha sido demonstrada a sua necessidade ou verdadeira utilidade, a que não seja possível satisfazer simplesmente mediante a afiliação, ou a agregação, ou a incorporação;

b) haja os requisitos necessários para isso; destes os principais são:

1º o número de professores estáveis e a sua habilitação, de acordo com a natureza e as exigências da Faculdade;

2º um número congruente de alunos;

3º a biblioteca, os demais subsídios científicos e as necessárias instalações;

4º os recursos econômicos realmente suficientes para uma Universidade ou Faculdade;

c) sejam apresentados os Estatutos, juntamente com o plano de estudos, em conformidade com a presente Constituição e as relativas Normas aplicativas.

§ 2. A Congregação para a Educação Católica – depois de ouvido o parecer, não só da Conferência Episcopal como também do Bispo diocesano ou da eparquia, principalmente quanto ao aspecto pastoral, mas também de peritos, em particular das Faculdades mais próximas, sobretudo a respeito do aspecto científico – decidirá acerca da oportunidade de se proceder à nova ereção.

Art. 49. Para ser aprovada uma Universidade ou Faculdade requer-se:

a) a anuência tanto da Conferência Episcopal como do Bispo diocesano ou da eparquia;

b) que sejam satisfeitas as condições estabelecidas no art. 48, § 1, b) e c).

Art. 50. As condições para a afiliação referem-se sobretudo ao número e à qualidade dos professores, ao plano de estudos, à biblioteca e ao dever da Faculdade afiliante de prestar assistência ao Instituto afiliado; por isso, normalmente, hão de a Faculdade afiliante e o Instituto afiliado encontrar-se na mesma nação ou região cultural.

Art. 51 § 1. A agregação é a vinculação a uma Faculdade de um Instituto, que abranja o primeiro e o segundo ciclos, com o fim de conseguir, mediante a Faculdade, os correspondentes graus acadêmicos.

§ 2. A incorporação, por sua vez, é a inserção numa Faculdade de um Instituto, que abranja o segundo ou terceiro ciclos, ou ambos, com o fim de conseguir, mediante a Faculdade, os correspondentes graus acadêmicos.

§ 3. A agregação e a incorporação não podem ser decretadas, se não se tratar de Institutos que estejam adequadamente providos dos meios para a consecução daqueles determinados graus acadêmicos, de maneira que haja uma esperança bem fundada de que da conexão com a Faculdade se consiga obter realmente o fim desejado.

Art. 52 § 1. Deve ser favorecida a colaboração das Faculdades eclesiásticas entre si, quer mediante o convite recíproco de professores, quer mediante a intercomunicação da própria atividade científica, quer, ainda, mediante a realização de investigações em comum, que revertam em proveito do Povo de Deus.

§ 2. Há de ser promovida também a colaboração das Faculdades eclesiásticas com outras Faculdades, mesmo não católicas, procurando, todavia, conservar sempre com cuidado a própria identidade.

Segunda parte
Normas especiais

Título I – A Faculdade de Teologia
(Const. Apost., arts. 69-76)

Art. 53. As disciplinas teológicas hão de ser ensinadas de maneira que apareça claramente o seu nexo orgânico e se ponham em evidência os seus vários aspectos ou dimensões, que pertencem intrinsecamente à índole da mesma doutrina sagrada, que são, sobretudo, os aspectos bíblico, patrístico, histórico, litúrgico e pastoral.

Os alunos, depois, devem ser levados a uma profunda assimilação da matéria e, ao mesmo tempo, à elaboração de uma síntese pessoal, de modo a apropriarem-se do método da investigação científica e a tornarem-se idôneos para expor adequadamente a doutrina sagrada.

Art. 54. No ensino observem-se as normas contidas nos documentos do Concílio Vaticano II (cf. *praesertim Dei Verbum*: *AAS* 58 [1966] 817ss.; *Optatam totius*: *AAS* 58 [1966] 813ss.), como também nos mais recentes documentos da Sé Apostólica (cf. *praesertim Pauli VI Lumen Ecclesiae, de S. Thoma Aquinate*, 20 de novembro de 1974: *AAS* 66 [1974] 673ss.; *Sacrae Congr. pro Institutione Catholica Litteras: De institutione theologica* [22 de fevereiro de 1976]; *De institutione canonistica* [1º de março de 1975]; *De institutione philosophica* [20 de janeiro de 1972]; *De institutione liturgica* [3 de junho de 1979]; *De institutione in mediis communicationis* [19 de março de 1986]; *De institutione in doctrina sociali Ecclesiae* [30 de dezembro de 1988]; *De patrum Ecclesiae studio* [10 de novembro de 1989]; *De institutione circa matrimonium et familiam* [19 de março de 1995]), no que a estes digam respeito os estudos acadêmicos.

Art. 55. As disciplinas obrigatórias são:

1º No primeiro ciclo:

a) As disciplinas filosóficas requeridas para a teologia são, sobretudo, a filosofia sistemática e a história da filosofia (antiga, medieval, moderna, contemporânea). O ensino sistemático, para além de uma introdução geral, deverá compreender as partes principais da filosofia: 1) metafísica (compreendida como filosofia do ser e teologia natural), 2) filosofia da natureza, 3) filosofia do homem, 4) filosofia moral e política, 5) lógica e filosofia do conhecimento.

Sem contar as ciências humanas, as disciplinas estritamente filosóficas (cf. *Ord.*, art. 66, 1, a) devem constituir pelo menos 60% do número de créditos dos dois primeiros anos. Cada ano deve prover um número de créditos adequado a um ano de estudos universitário a tempo inteiro.

É altamente desejável que os cursos de filosofia se concentrem nos dois primeiros anos da formação filosófico-teológica. Estes estudos de filosofia feitos em vista dos estudos teológicos serão unidos, ao longo deste período de dois anos, a cursos introdutórios em teologia.

b) As disciplinas teológicas, ou seja:

- a Sagrada Escritura: introdução e exegese;

- a Teologia fundamental, com referência também às questões respeitantes ao ecumenismo, às religiões não cristãs e ao ateísmo, como também a outras correntes da cultura contemporânea;

- a Teologia dogmática;

- a Teologia moral e espiritual;

- a Teologia pastoral;

- a Liturgia;

- a História da Igreja, a Patrologia e a Arqueologia – o Direito Canônico.

c) As disciplinas auxiliares, isto é, algumas ciências humanas e, além da língua latina, as línguas bíblicas, na medida em que sejam necessárias para os ciclos seguintes.

2º No segundo ciclo:

As disciplinas específicas que, oportunamente, são instituídas nas várias seções segundo as diversas especializações, com trabalhos e seminários de estudo apropriados, incluindo uma específica dissertação escrita.

3º No terceiro ciclo:

O plano de estudos da Faculdade determine se e quais as disciplinas específicas devem ser ensinadas, com os relativos trabalhos e seminários de estudo, e quais as línguas antigas e modernas o estudante deve saber compreender para poder elaborar a tese.

Art. 56. Durante o quinquênio institucional do primeiro ciclo há de cuidar-se diligentemente por que todas as disciplinas sejam tratadas com a devida ordem e amplitude e com o método próprio, de modo a concorrer harmônica e eficazmente para uma formação sólida, orgânica e completa dos alunos em matéria teológica, mediante a qual estes se tornem aptos quer para prosseguir os estudos superiores no segundo ciclo, quer para exercer convenientemente determinados cargos eclesiásticos.

Art. 57. O número de professores que ensinam filosofia deve ser de pelo menos três. Estes devem estar munidos de títulos em filosofia requeridos (cf. *Ord.* arts. 19 e 67 § 2). Devem ser estáveis, isto é, dedicar-se em tempo integral ao ensino e à investigação da filosofia.

Art. 58. Além dos exames ou das provas equivalentes sobre cada uma das disciplinas, no final do primeiro e do segundo ciclos haja ou um exame global ou uma prova equivalente, que sirva para comprovar se o aluno adquiriu inteiramente a formação científica própria do respectivo ciclo.

Art. 59. Compete à Faculdade decidir com que condições os alunos que já tenham feito regularmente o currículo de estudos filosófico-teológico, num Seminário Maior ou num Instituto superior aprovado, podem ser admitidos ao segundo ciclo, tendo acuradamente em conta os estudos já realizados e, se for o caso, prescrevendo também cursos e exames especiais.

Título II – A Faculdade de Direito Canônico (Const. Apost., arts. 77-80)

Art. 60. Na Faculdade de Direito Canônico, Latino ou Oriental, deve haver o cuidado por que se faça a exposição científica tanto da história e dos textos das leis eclesiásticas como do seu sentido e da sua conexão, e ainda dos seus fundamentos teológicos.

Art. 61. As disciplinas obrigatórias são:

1º No primeiro ciclo:

a) elementos de filosofia: antropologia filosófica, metafísica, ética;

b) elementos de teologia: introdução à Sagrada Escritura; teologia fundamental: revelação divina, sua transmissão e credibilidade; teologia trinitária; cristologia; tratado da Graça; de modo especial a eclesiologia; teologia sacramental geral e especial; teologia moral fundamental e especial;

c) Instituições gerais do Direito Canônico;

d) língua latina;

2º No segundo ciclo:

a) o Código de Direito Canônico ou o Código dos Cânones da Igreja Oriental com todas as suas partes, e as outras normas vigentes;

b) as disciplinas conexas, que são: a teologia do direito canônico; a filosofia do direito; instituições de direito romano; elementos de direito civil; história das instituições canônicas; história das fontes do direito canônico; relação entre a igreja e a sociedade civil; práxis canônica administrativa e judicial;

c) Introdução ao Código dos Cânones da Igreja Oriental para os alunos de uma Faculdade de Direito Canônico latino; introdução ao Código de Direito Canônico para os alunos de uma Faculdade de Direito Canônico oriental;

d) língua latina;

e) cursos opcionais, trabalhos práticos e seminários prescritos em cada Faculdade.

3º No terceiro ciclo:

a) latinidade canônica;

b) cursos opcionais, trabalhos práticos e seminários prescritos em cada Faculdade.

Art. 62 § 1. Quem houver já completado regularmente o curso filosófico-teológico num Seminário Maior ou numa Faculdade teológica, pode ser admitido imediatamente ao segundo ciclo, a não ser que o Decano julgue necessário ou oportuno exigir um curso prévio de língua latina ou de instrução geral de Direito canônico.

Aqueles que comprovem ter já estudado algumas matérias do primeiro ciclo numa Faculdade ou Instituto universitário idôneo podem ser dispensados dessas mesmas matérias.

§ 2. Quem houver já conseguido um grau acadêmico em Direito Civil poderá ser dispensado de algum dos cursos do segundo ciclo (como Direito Romano e Direito Civil), mas não pode ser dispensado do triênio do Mestrado.

§ 3. Concluído o segundo ciclo, os estudantes devem conhecer a língua latina de modo a poder compreender o Código de Direito Canônico ou o Código dos Cânones da Igreja Oriental e ainda outros documentos canônicos; no terceiro ciclo, além da língua latina de modo a poder interpretar corretamente as fontes do Direito, também outras línguas necessárias para a elaboração da tese.

Art. 63. Além dos exames ou das provas equivalentes sobre cada uma das disciplinas, no final do segundo ciclo haja um exame global ou uma prova equivalente, que sirva para comprovar se o aluno adquiriu a formação científica completa própria deste ciclo.

Título III – A Faculdade de Filosofia
(Const. Apost., arts. 81-84)

Art. 64 § 1. A investigação e o ensino da filosofia numa Faculdade eclesiástica de Filosofia devem ser assentes "no patrimônio filosófico perenemente válido" (cf. cân. 251 CIC e Concílio Ecumênico Vaticano II, Decr. *Optatam totius*, n. 15) que se tem desenvolvido ao longo da história, considerando em particular a obra de São Tomás de Aquino. Ao mesmo tempo, a filosofia ensinada numa Faculdade eclesiástica deverá estar aberta aos contributos que a investigação mais recente fornece. Deverá salientar a dimensão sapiencial e metafísica da filosofia.

§ 2. No primeiro ciclo, a Filosofia deve ser ensinada de tal modo que os alunos que recebem o Bacharelado cheguem a fazer uma síntese doutrinal sólida e coerente, aprendam a examinar e a julgar os diversos sistemas dos filósofos e se habituem gradualmente à reflexão filosófica pessoal.

§ 3. Se os estudantes do primeiro ciclo dos estudos teológicos frequentam cursos do primeiro ciclo da Faculdade de Filosofia, vigie-se para que se salvaguarde a especificidade do conteúdo e objetivos de cada um dos percursos formativos. No final deste tipo de formação filosófica não vem conferido qualquer título acadêmico em filosofia (cf. *VG*, art. 74 a), mas os estudantes podem requerer um certificado que ateste os cursos frequentados e os créditos obtidos.

§ 4. A formação conseguida no primeiro ciclo poderá ser aperfeiçoada depois no ciclo de especialização, mediante um aprofundamento maior de uma parte da filosofia e um maior empenho do estudante na reflexão filosófica.

§ 5. É oportuno fazer uma clara distinção entre os estudos da Faculdade eclesiástica de Filosofia e o percurso filosófico que faz parte integrante dos estudos numa Faculdade de Teologia ou de um Seminário. Numa instituição onde se pode encontrar simultaneamente seja uma Faculdade eclesiástica de Filosofia, seja uma Faculdade de Teologia, quando os cursos de filosofia que fazem parte do primeiro ciclo, no quinquênio de teologia, são realizados na Faculdade de Filosofia, a autoridade a quem compete decidir o programa é a do Decano da Faculdade de Teologia, respeitando a lei vigente e valorizando a colaboração estreita com a Faculdade de Filosofia.

Art. 65. No ensino da filosofia deve-se observar as normas que lhe dizem respeito, e que estão contidas nos documentos do Concílio Vaticano II (cf. *praesertim Optatam totius*: *AAS* 58 [1966] 713ss.; *Gravissimum educationis*: *AAS* 58 [1966] 728ss.), como também nos mais recentes documentos da

Santa Sé (cf. *praesertim Pauli VI Lumen Ecclesiae, de S. Thoma Aquinate*, 20 de novembro de 1974: *AAS* 66 [1974] 673ss.; *Sacrae Congr. Pro Institutione Catholica Litteras: De institutione philosophica* [20 de janeiro de 1972]; João Paulo II, enc. *Fides et ratio*: *AAS* 91 [1999] 5ss.; id., enc. *Veritatis splendor*: *AAS* 85 [1993] 1133ss.), no que a estes digam respeito os estudos acadêmicos.

Art. 66. As disciplinas a ensinar nos vários ciclos são:

1º No primeiro ciclo:

a) As matérias fundamentais obrigatórias:

Uma introdução geral que apontará em particular para a demonstração da dimensão sapiencial da filosofia;

As principais disciplinas filosóficas: 1) metafísica (compreendida como filosofia do ser e teologia natural), 2) a filosofia da natureza, 3) filosofia do homem, 4) filosofia moral e política, 5) lógica e filosofia do conhecimento. Devido à particular importância da metafísica, a esta disciplina deverá corresponder um adequado número de créditos.

A história da filosofia: antiga, medieval, moderna e contemporânea. O exame atento das correntes que tiveram maior influência será acompanhado, quando possível, da leitura dos textos dos autores mais significativos. Se acrescentará, mediante a necessidade, o estudo das filosofias locais.

As matérias fundamentais obrigatórias devem constituir pelo menos os 60% e não superar os 70% do número de créditos do primeiro ciclo.

b) As matérias complementares obrigatórias:

- O estudo da relação entre razão e fé cristã, ou seja, entre filosofia e teologia, de um ponto de vista sistemático e histórico, tendo a atenção de salvaguardar tanto a autonomia de ambos os campos quanto das suas ligações.

- O latim, de modo a poder compreender as obras filosóficas (especialmente dos autores cristãos) escritas nessa língua. Um igual conhecimento do latim deve-se verificar no período dos primeiros dois anos.

- Uma língua moderna diferente da língua materna, cujo conhecimento se deve prestar provas antes do fim do terceiro ano.

- Uma introdução à metodologia do estudo e do trabalho científico que habilite ao uso dos instrumentos de investigação e à prática do discurso argumentativo.

c) As matérias complementares opcionais:

- Elementos de literatura e de arte.

- Elementos de alguma ciência humana ou de qualquer ciência natural (por exemplo, psicologia, sociologia, história, biologia, física). Atente-se, de modo particular, para que se estabeleça uma ligação entre as ciências e a filosofia.

- Qualquer outra disciplina filosófica opcional: por exemplo, a filosofia das ciências, filosofia da cultura, filosofia da arte, filosofia da técnica, filosofia da linguagem, filosofia do direito, filosofia da religião.

2º No segundo ciclo:

- Algumas disciplinas especiais, que hão de ser oportunamente distribuídas pelas várias seções segundo as diversas especializações, com os apropriados trabalhos práticos e seminários de estudo, incluindo uma dissertação escrita.

- A aprendizagem ou aprofundamento do grego antigo ou de uma segunda língua moderna para além daquela requerida para o primeiro ciclo ou o aprofundamento desta última.

3º No terceiro ciclo:

O plano de estudos da Faculdade há de determinar se e quais disciplinas especiais devem ser ensinadas, com os seus trabalhos práticos e seminários de estudo. Será necessário a aprendizagem de uma outra língua ou o aprofundamento de uma língua já estudada anteriormente.

Art. 67 § 1. A Faculdade deve ter de modo estável pelo menos sete professores devidamente qualificados, de modo a que possam assegurar o ensino de cada uma das matérias fundamentais obrigatórias (cf. *Ord.*, art. 66, 1; art. 48 § 1, b).

Em particular, o primeiro ciclo deve ter pelo menos cinco professores estáveis distribuídos do seguinte modo: um para metafísica, um para filosofia da natureza, um para filosofia do homem, um para filosofia moral e política, um para lógica e filosofia do conhecimento.

Para as outras matérias, obrigatórias e opcionais, a Faculdade pode pedir ajuda a outros Professores.

§ 2. Um professor é habilitado para ensinar numa instituição eclesiástica se é detentor de um grau acadêmico requerido para uma Faculdade eclesiástica de Filosofia (cf. *Ord.*, art. 19).

§ 3. Se o professor não possui um Doutorado canônico nem um Mestrado canônico, só poderá ser contado como professor estável sob condição de que a sua formação filosófica seja coerente no conteúdo e no método com aqueles propostos por uma Faculdade eclesiástica. Ao avaliar os candidatos à docência numa Faculdade eclesiástica de Filosofia deverá ter-se presente: a necessária competência na matéria a eles confiadas; uma oportuna abertura ao conjunto do saber; a adesão nas suas publicações e nas suas atividades didáticas à verdade contida na fé; um conhecimento adequado e aprofundado da harmoniosa relação entre fé e razão.

§ 4. Será necessário garantir que uma Faculdade eclesiástica de Filosofia tenha sempre uma maioria de professores estáveis na posse de um Doutorado eclesiástico em Filosofia ou de um Mestrado eclesiástico e um Doutorado em Filosofia obtido numa Universidade não eclesiástica.

Art. 68. De modo geral, para um aluno ser admitido ao segundo ciclo de filosofia é necessário que tenha obtido um Bacharelado eclesiástico em Filosofia.

Se um aluno frequentou estudos filosóficos numa Faculdade não eclesiástica de Filosofia de uma Universidade católica ou num Instituto de Estudos superiores, pode ser admitido ao segundo ciclo somente depois de ter demonstrado, com um exame apropriado, que a sua preparação é compatível com aquela proposta numa Faculdade eclesiástica de Filosofia e tiver colmatado eventuais lacunas relativas ao tempo e plano de estudos previsto para o primeiro ciclo com base nas presentes *Ordinationes*. A escolha dos cursos deverá favorecer a síntese das matérias ensinadas (cf. *VG*, art. 82, a). No final deste estudo de integração, o estudante será admitido ao segundo ciclo, sem receber o Bacharelado eclesiástico em Filosofia.

Art. 69 § 1. Considerando a reforma do primeiro ciclo para três anos nos estudos eclesiásticos de filosofia, que se conclui com o Bacharelado em Filosofia, a afiliação filosófica deve ser em conformidade com aquilo que foi decretado para o primeiro ciclo, quanto ao número de anos e ao programa de estudos (cf. *Ord.*, art. 66, 1); o número de docentes estáveis para um instituto filosófico afiliado deve ser de pelo menos cinco com as qualificações requeridas (cf. *Ord.*, art. 67).

§ 2. Considerando a reforma do segundo ciclo para dois anos nos estudos eclesiásticos de filosofia, que se conclui com a licenciatura em Filosofia, a agregação filosófica deve ser em conformidade com aquilo que foi decretado para o primeiro e segundo ciclos, quanto ao número de anos e ao programa de estudos (cf. *VG*, art. 74 a e b; *Ord.*, art. 66); o número de docentes estáveis para um instituto filosófico agregado deve ser de pelo menos seis com as qualificações requeridas (cf. *Ord.*, art. 67).

§ 3. Considerando a reforma do percurso de filosofia incluído no primeiro ciclo filosófico-teológico que se conclui com o Bacharelado em Teologia, a formação filosófica de um Instituto afiliado em teologia deve ser em conformidade com aquilo que foi decretado quanto ao programa de estudos (cf. *Ord*., art. 55, 1); o número de docentes estáveis de filosofia deve ser de pelo menos dois.

Título IV – Outras Faculdades
(Const. Apost., arts. 85-87)

Art. 70. Para se poder obter as finalidades expostas no Art. 85 da Constituição, foram já eretas e habilitadas a conferir graus acadêmicos pela autoridade da Santa Sé as seguintes Faculdades, ou Institutos *ad instar Facultatis*:

- Arqueologia Cristã.
- Bioética.
- Comunicação Social.
- Direito.
- Literatura Cristã e Clássica.
- Liturgia.
- Missiologia.
- Música Sacra.
- Oriente Antigo.
- Psicologia.
- Ciências da Educação.
- Ciências Religiosas.

- Ciências Sociais.
- Espiritualidade.
- História da Igreja.
- Estudos Árabes e Ismalogia.
- Estudos Bíblicos.
- Estudos Orientais.
- Estudos sobre Matrimônio e Família.

Sua Santidade o Papa Francisco aprovou e ordenou que fossem publicadas todas e cada uma das presentes Normas Aplicativas, não obstante quaisquer prescrições em contrário.

Roma, da Sede da Congregação para a Educação Católica, 27 de dezembro de 2017, festa de São João, Apóstolo e Evangelista.

Giuseppe Card. VERSALDI
Prefeito

Angelo Vincenzo ZANI
Arceb. tit. de Volturno
Secretário

Apêndice I

AO ART. 7 DAS NORMAS APLICATIVAS

Normas para a redação do estatuto de uma Universidade ou de uma Faculdade

Considerando o que consta na Constituição Apostólica e nas Normas aplicativas anexas – e deixando aos seus regulamentos internos o que é de natureza mais particular e mutável –, os Estatutos de uma Universidade ou de uma Faculdade deverão principalmente tratar os seguintes pontos:

1. O nome, a natureza e o objetivo da Universidade ou da Faculdade (com uma breve informação histórica no proêmio).

2. O governo – O Grão-Chanceler; as Autoridades acadêmicas pessoais e colegiais: quais as suas funções específicas; qual o modo como são eleitas as Autoridades pessoais e qual a duração da sua função; qual o modo da eleição das Autoridades colegiais e dos membros do Conselho, e por quanto tempo devem permanecer em funções.

3. Os professores – Qual deve ser o seu número mínimo em cada Faculdade; em que ordem se devem distinguir seja os docentes estáveis, seja os não estáveis; quais os requisitos devem possuir; como devem ser escolhidos, nomeados, promovidos, e como devem cessar funções, descrevendo os motivos e o procedimento; os seus deveres e direitos.

4. Os estudantes – Os requisitos para a inscrição; motivos e procedimento para a sua suspensão; os seus deveres e direitos.

5. Funcionários e pessoal auxiliar – Os seus deveres e direitos.

6. Os graus acadêmicos – Quais graus serão conferidos em cada Faculdade e sob que condições; outros títulos.

7. Os subsídios didáticos e informáticos – A biblioteca: como garantir a sua conservação e o seu aumento; se necessário, outros auxiliares didáticos e laboratórios científicos.

8. A administração econômica – O patrimônio da Universidade ou da Faculdade, e sua administração; as regras relativas aos honorários das autoridades, dos professores, dos funcionários, bem como as taxas dos estu-

dantes e os subsídios econômicos que lhes são atribuídos.

9. As relações com as outras Faculdades, Institutos etc.

Plano de estudos

1. Qual é o plano de estudos em cada Faculdade.
2. Que ciclos existem.
3. Quais as disciplinas que são ensinadas: a sua obrigatoriedade e frequência.
4. Que seminários e exercícios.
5. Quais exames ou testes equivalentes.
6. Eventuais modalidades de ensino a distância.

Apêndice II

AO ART. 70 DAS NORMAS APLICATIVAS

SETORES DOS ESTUDOS ECLESIÁSTICOS SEGUNDO A SUA PRESENTE (A. 2017) ORGANIZAÇÃO ACADÊMICA NA IGREJA

Elenco

Advertência. – Cada Setor de estudos, aqui enumerados em ordem alfabética, estão agora em vigor. Abaixo estão agrupadas as especializações.

As especializações existentes encontram-se no Banco de Dados das Instituições de Estudo Superiores Eclesiásticos, acessível através do *website* www.educatio.va.

Além disso, o mencionado Banco de Dados inclui todas as Instituições de Estudos Superiores, erigidas ou aprovadas pela Congregação para a Educação Católica como parte do sistema educativo da Santa Sé.

1. Arqueologia Cristã.
2. Bioética.
3. Comunicação Social.
4. Direito Canônico.
5. Direito.
6. Filosofia.
7. Literatura Cristã e Clássica.
8. Liturgia.
9. Missiologia.
10. Música Sacra.
11. Oriente Antigo.
12. Psicologia.
13. Ciências da Educação.
14. Ciências Religiosas.
15. Ciências Sociais.
16. Espiritualidade.
17. História da Igreja.
18. Estudos Árabes e Ismalogia.
19. Estudos Bíblicos.
20. Estudos Orientais.
21. Estudos sobre Matrimônio e Família.
22. Teologia.

Impresso na gráfica da
Pia Sociedade Filhas de São Paulo
Via Raposo Tavares, km 19,145
05577-300 - São Paulo, SP - Brasil - 2018